認識 雨果

紀念雨果誕辰二〇〇週年特刊

吳錫德、劉復生 編

財團法人中法文化教育基金會

麥田叢書 30

認識雨果－ 紀念雨果誕辰二○○週年特刊

發 行 人　郭為藩
執 行 編 輯　吳錫德
編 輯 小 組　李萍子 吳錫德 郭為藩 柯基良 梁 蓉 劉復生 (依姓名筆劃序)

出　　　版　麥田出版
　　　　　　台北市信義路二段213號11樓
　　　　　　電話：(02)2351-7776 傳真：(02)2351-9179
發　　　行　城邦文化事業股份有限公司
　　　　　　台北市愛國東路100號1樓
　　　　　　電話：(02)2396-5698　傳真：(02)2357-0954
　　　　　　網址：www.cite.com.tw
　　　　　　E-mail:service@cite.com.tw
　　　　　　郵撥帳號：18966004 城邦文化事業股份有限公司
香港發行所　城邦(香港)出版集團有限公司
　　　　　　香港北角英皇道310號雲華大廈4/F,504室
　　　　　　電話：25086231 傳真：25789337
新馬發行所　城邦（新馬）出版集團有限公司
　　　　　　Cite(M) Sdn. Bhd.(458372U)
　　　　　　11,Jalan 30D/146, Desa Tasik, Sungai Besi,
　　　　　　57000 Kuala Lumpur, Malaysia.
　　　　　　電話：603-90563833 傳真：603-90562833
　　　　　　E-mail:citekl@cite.com.tw
印　　　刷　凌晨企業有限公司
初　　　刷　2002年12月18日

ISBN 986-7782-41-0

售價:220元　　　　　　　　　　　　　　　(Printed in Taiwan)

Hugo 目 錄

■ 出版緣起

郭爲藩

今年二月二十日法國參議院舉行了一項隆重儀式向雨果致敬，正式揭開了世界各地紀念雨果誕生兩百週年的系列活動。（雨果生於一八○二年二月二十五日，曾於一八七六年出任參議員），稍後雨果的出生地柏桑松（Besançon）市政府及法蘭西學院（雨果於一八四八年膺選院士）亦有類似慶祝活動。這些紀念活動包括展覽，例如參議院藝廊、巴黎聖母院、法國國家圖書館、巴黎的雨果紀念館都辦有雨果文獻的大型展覽，各類戲劇演出、專題講演、電影欣賞、學術研討會、詩歌朗誦，眞是多姿多彩。兩百週年的紀念活動既然是全球性的，台灣地區亦不宜例外，所以中法文教基金會也參與這個世界行列。

國人對雨果並不陌生，即使沒有接觸過法國文學，很多人也看過雨果小說改編的電影如《鐘樓怪人》、《孤星淚》（或譯《悲慘世界》）。雨果的名著早在一九○三年就有中譯本（當年蘇曼殊將《悲慘世界》節譯），著名的翻譯家林紓於一九二一年譯過《九三年》。談起雨果，許多人都肅然起敬，視爲法國大文豪的代

表，就像莎士比亞在英國文學上的地位。基於這個考慮，中法文教基金會跟國立台灣師範大學圖書館合作，推出「雨果書展」，洽借台大、台師大及國家圖書館珍藏雨果著譯各種版本，包括中、法、英、日文出版品，以書展為主軸，配合學術講演、影碟欣賞及其他活動，在國內大學校園巡迴展出。此外，衷心謝謝各位作家賜稿，共襄盛舉，及駐法代表處劉復生組長協助在法國洽稿，淡江大學吳錫德教授幫忙編輯，並感謝麥田出版社印行，為本年活動留下一點文字紀念，以示對雨果的崇敬與懷念。

　　雨果之所以偉大，不僅因為如紀德（André Gide）所稱他是法國最偉大的詩人，也是集詩聖、戲劇家、小說家、政治理想家、社會運動家於一身的傳奇人物。他不但是在文學上從古典主義轉向浪漫主義與自由主義的關鍵人物，也是藉生花妙筆，宏揚人道主義觀念。他生動地刻畫當時法國下層社會的貧困、勞苦與悲情，撼動人心，掬人淚水。最令人欽佩的是他在政治立場上的堅持與道德勇氣。就如雨果輕蔑拒絕路易・拿破崙的大赦，自我放逐十九載，在四十平方公里不到的蓋納西島（Guernesey）過看海的日子。雨果反對死刑，主張歐洲合眾國。雨果固然是壯烈的硬漢，也有柔情的一面，像他與名伶茱麗葉特（Juliette Drouet）的五十載常伴相隨；又他對意外死亡的長女蕾歐波汀（Léopoldine）的哀傷與追思，都可看出雨果感情生活深刻而細膩的一面。

　　雨果少年得志，終身勤耕文學的不同領域，著作等身，他的

精神遺產是屬於全世界的。高山仰止，我們希望透過對雨果的熱
愛，掀起研讀法國文學名著的興趣，並進一步加強雙方文教交
流，這是紀念活動最大的願望。

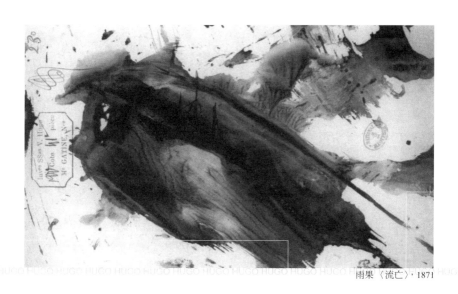

雨果〈流亡〉，1871

文學家雨果

■雨果：
詩才與任務

林惠娥

　　鼎鼎有名的法國大文豪雨果眞是讓人仰望興嘆，感覺像「遊李杜之門者難爲詩」[1]。多才多藝的雨果之作品不僅數量多而且種類廣：詩歌、小說、戲劇、評論、雜文、政治演講稿，他樣樣精通；使後人覺得處處都有他的足跡，他是一座雄偉壯麗的紀念碑，難以超越。不過，有一些青年和學生卻說他們讀不懂雨果，他的語言（用詞與表達手法）似乎超出他們能理解的範圍。雨果所代表的十九世紀的法國也好像離他們的生活中心很遠。很難想像得到雨果曾經爲全民義務教育付出了多少心力，做了多少貢獻！我們會深深感嘆今天的學子竟然看不懂他的作品，而其豐富

林惠娥

1985年畢業於國立台灣大學外文系，1990年獲法國巴黎大學比較文學博士學位，主要研究法國十九至二十世紀三〇年代的「異國情調」文藝，並探討法國與台灣的文學交流，現專事翻譯工作和學術研究。

的著作其實是用清晰有條理的語言寫成的。

　　一位令人感動的詩人，不論其風格如何，都離不開他個人的生活經歷，都會在其創作中探索他與外在環境的關係。只要讀者注意詩人怎樣透過詩的語言描述並沉思這份關係，在某種層次上，他就是參與了一首詩的產生過程，他絕對可以讀出許多東西。當代有些青年人因為看不懂或沒有感覺，對雨果的作品沒有興趣，這確實令人遺憾，但也不難理解的。時代不同，人們關注的焦點不盡相同。雨果作品中經常是才華洋溢、學問淵博，不過他對人類生存的關注才是恆常不變的。

　　如何讀雨果？面對洋洋大觀的雨果全集時，讀者必定會問這個問題，不管他是普通讀者，還是想深入研究雨果的人。一個詩人最珍貴的一點是他作品的特色和視野，即詩人特有的風格；詩人的個人風格不能建立在藝術的真空，而必須和其所處的文化和語言作不停的對話。本文中，筆者將用詩人的作品以為佐證，擬探討雨果心目中詩人角色的演變以及他如何透過詩歌與他的時代和社會進行對話。

浪漫主義

　　我們賞析雨果的詩作，必須抓住一條三角關係的主線，即詩

1《唐才子傳・杜甫》，引文中的李杜指李白與杜甫。

人、詩與世界這個三角關係；什麼是詩的語言？詩人與詩的關係
是什麼？詩人如何透過詩歌與世界對話？雨果的詩作的基調是
「浪漫主義」，這是當時的時代風貌，夏多布里昂（1768-1848）
及拉馬丁（1790-1869）都是浪漫主義文學的代表。這三位作家
一生的命運又與政治息息相關，我們並不驚訝雨果的詩常明喻或
暗指政治事件或人物。雨果的政治生涯和拉馬丁的相似：兩人都
是從保皇派轉成主張共和人士；只是，拉馬丁盛逢共和順風的時
候，而雨果卻身處共和遭受威脅的時候。雨果一生的政治立場大
致可分為四個時期：他最初擁護君主專政（可能受其母親的影
響），稍後仰慕拿破崙（受其父親的影響），他在流亡期間曾經是
流放者的辯士，返國後則努力不懈地為民主共和奮鬥。雨果在一
首題名為〈這個世紀曾經兩歲〉（1830）的詩中替自己作了一幅
自畫像，他那時二十八歲，已經成家立業[2]，在文壇上享有盛
名。這首詩共有七十九行詩句，分為七節，敘述詩人從出生到二
十八歲期間他認為重要的值得記錄的事件。這是一首「亞歷山大
體」仿史詩的詩，詩以一幅歷史景觀作大背景揭開序幕：

> 這個世紀曾經兩歲！羅馬取代了斯巴達，
> 拿破崙以波拿巴之名崛起，
> 皇帝的額頭已在多處擠裂
> 首席執政那狹窄的面具。
> 那時候，在柏桑松，西班牙式的古城，

猶如隨風投扔的種子
生出一個同時具有洛林與布列塔尼血統的
孩子……
就是我。——3

　　在這幅雄壯浩大的歷史背景之中，雨果不僅展現其高闊的氣魄，還將自己的個人命運與國家命運銜接溶為一體。當他出生時，這個世紀只有兩歲，這使他覺得他是與十九世紀同時出世的，暗示他將是時代英雄，在這個世紀中寫下可歌可泣的豐功偉業，名傳千古。羅馬和斯巴達都是以戰爭聞名的古城，拿破崙更是以武力一時稱霸歐洲，可見雨果對軍人世界懷有極浪漫的崇慕；事實上他父親就是職業軍人，他童年時曾隨著父親去過義大利和西班牙，曾立志當軍人。的確，拿破崙是他流亡之前最突出的軍人光榮形像，一個有作為之人理當如此震撼時代。

　　畫出了時代大背景之後，雨果立即把鏡頭焦點轉到一個新生兒身上，大小的反差是如此之大，使人不禁對這個孩子更加好

---

2 他1822年結婚，1830年時已有四個孩子。他1825年就榮獲榮譽勳位騎士勳章，1841年被選為法蘭西科學院院士。1830年時他已出版了不少詩集、小說和劇本。

3 本文中所有的詩歌譯文皆出於筆者之手，譯文中的標點符號依照原文，下面的譯文皆按此原則。原文中有為了押韻而產生的倒置字詞，以及所有韻的問題，因涉及多種層面，本文的譯文並沒有特別強調。

奇。詩人對自己的血統極其寶貝又甚以爲榮，他非但在詩的開端就指明，更是以之作爲此詩的結尾：「最後忠實於將血注入我血脈的／我的老兵父親和我旺代人的母親。」雨果曾說他體內流著三種血液──布列塔尼、洛林與法朗什-孔泰[4]，這使他三倍的固執。執著是雨果性格的一大特徵，他在1822年給當時還是他的未婚妻的一封信中說：「堅持地要就能達到目的。」他在《笑面人》（1869）中寫道：「努力不懈，一切勝利的祕密。」執著的個性，洋溢的才華，加上雄心壯志，雨果的確爲十九世紀的法國歷史，特別是文學史，寫下了重要的篇章。整體看來，他被視爲法國第三共和的浪漫主義大師。

　　浪漫主義文學熱忱地展現生命的種種現象，認爲壯麗和醜陋、昇華和瑣碎、歡樂和憂傷、和平與戰爭等等都是大自然及人世間的組成元素。雨果對生命源頭的緬懷以兩種特徵表現在其詩歌裡：一方面，他是一個有條有理的人，很有組織能力，但他同時偏愛雜亂喧囂。這兩種特徵看起來互相矛盾，其實是雨果血液中所蘊藏的生命本能的表現，對他而言，大自然呈現的萬象繽紛是亂中有序的，常出人意料之外的，但總能令人觀察出其中道理。對喧囂的偏愛使他樂於接近自然的種種現象，他放眼盡情地看，開耳盡情地聽，而且他對時空的意識感受總能以文字有條理地呈現出來。

政治上、社會上及文化上的先知使命

雨果從少年時代就開始寫詩，對他而言，詩人是什麼？詩扮演著什麼角色？他1831年在一首詩中寫道：「詩人去原野裡；他讚嘆不已，／他熱愛；他聆聽自己內在的豎琴」（〈詩人去原野裡〉，1831），詩人去原野裡做什麼，去感受原野裡的姿色與氣息，聲音與韻律，然後用詩歌回應之，豎琴正是奧菲爾手中的那把琴。這裡，原野、詩歌及詩人形成一個和諧的園地。「看哪！是愛戀我們的人來了！花兒們說著……是他！是那做夢之人！」我們不難看出這實在是個浪漫的詩人，是一個愛做夢會做夢的人，「眾民阿！傾聽詩人！／傾聽這位神聖夢者！」（〈詩人的作用〉，1839）。但這個做夢者的形像只是詩人的一部分，雨果1831年十一月寫的〈牧神〉詩中明確道出他對詩人的定義，首先破除一般人對詩人懷有的草率的概念：

若有人對您說藝術和詩

是平凡的奧林匹亞眾神精美食品的永恆流動，

---

4 雨果的父親是洛林人，他母親是布列塔尼人，而他的出生地是屬於法朗什-孔泰（Franche-Comté）。

是緊跟著您腳步的喧囂、人群，
或是金黃的沙龍裡閒散的突發奇想，
或是在逃離時被捕獲的韻，
噢！不要相信他！

　　詩的藝術絕對不建立在真空上，神界的瓊漿玉樓，人間塵
囂，沙龍裡的奇想空談，甚至偶然抓住的韻腳都是空洞無神，缺
乏血肉；在這些情況下創作出的詩無法感動人，因為缺乏生命體
驗和意識感受。雨果在此詩中已跳出「做夢」詩人的框架，朝
「使命」的方向發展。雨果對其個人天分的特質與任務所作的思
考，正是他的世界觀的形成中心，他在《威廉‧莎士比亞》
（1864）中認為天才是我與無限、崇高人格與神性的結晶。他的
浪漫情懷仍舊是其詩歌的基調，下面這首「詩人的作用」證實了
他對自己詩人角色的期許，這分期許透露出詩人與其時代和社會
的對話。

神要，不順時，
每個人都工作，都服務他人。
……
詩人，在褻瀆的日子裡
來準備更好的日子。
他是烏托邦擁護者，

腳踏此地，眼望他方。
正是他在眾人頭上，
時時刻刻，像先知，
在其手中一切都可扶正，
不論遭人辱罵或受人頌揚，
如一火把在他搖動之下，
使未來燦爛無比！

他觀看，當人們混日子時！
他的夢，總是充滿愛，
是由有朝一日將來臨的事情
向他投出的影子作成的。
他被譏笑。這不重要！他思索。
……

眾民阿！傾聽詩人！
傾聽這位神聖夢者！
……

他光芒四射！把自己的火焰投在
永恆的真理之上！
使真理為心靈煥發出
奇妙的光芒。

......

因為詩是那顆星

把國王與牧師帶到神那裡！

雨果非常重視工作，很有責任感，認為能者多勞，越有能力的人要負起更大的責任。在這首詩中，詩人將詩歌作為引導眾人，包括國王與牧師的星辰；這樣的角色就是先知，那具有神聖的神祕力量的啟示者。雨果之所以賦予詩人如此重大的任務，乃是因為法國從1789年大革命之後，政治及社會極其動盪不安，民眾因生活艱困屢次走上街頭向執政者抗爭，因此用血淚開出一條民主之路。雨果起初是保皇黨中的自由派人士，但在1848年他已經明顯地站在民眾的一邊，主張普選的民主參政方式。這首詩寫於1839年，早以透露他對社會與國家的對話。不過，處在黑暗慘淡世界中，詩人和先知都因為說了真話而遭到邪惡勢力的壓迫，有時候甚至是被欺壓受朦蔽的群眾拒絕，雨果的詩「先知與詩人」描述慌亂的群眾與惡狼一起「對著天才叫囂」，這天才是「神的對話者」，即先知和詩人。

平等、自由與博愛的戰士

1848年六月事件之後，路易–波拿巴取得了首席執政，成為法國政府首領。雨果很欣賞他，直到1852年，路易–波拿巴趁著

大權在握自立爲帝，改第二共和爲第二帝國，是爲「拿破崙三世」。雨果因爲反對帝制並且批評拿破崙三世，被迫流亡外國長達十七、八年；流亡的歲月加深了他對自由的體認，使他更堅強地爲消除民間疾苦奮鬥，也爲被流放者辯護。他這時期有名的作品如詩集《懲罰》、《沉思》、《歷代傳說》第一卷，或像小說《悲慘世界》、《海上勞工》，一系列與海洋的交心之談，道盡了古今風雲人物，以及匹夫匹婦在生存中面臨的種種問題。孤獨憂傷的詩人吟唱：「我愛你，流亡！痛苦，我愛你！/憂傷，作我的冠冕！」這首題爲〈既然義人在深淵中……〉的詩，1852年12月10日寫於澤西島，是拿破崙三世稱帝八日後完成的。但是正值壯年的雨果不可能向不幸的境遇屈服，他認爲自己雖然被「打敗，卻不沮喪」（〈夜〉，1852）。

　　流亡使雨果重新找到自己，大家都這麼說，他自己也承認「我的流亡是有益的，我感謝命運」、「我越來越覺得流亡是有益的」。事實上，流亡經驗加深了雨果對人世的體會，使他能同情社會下階層的廣大勞動群眾以及被流放的族群，這使他的浪漫情懷從此落實到對人群的關懷裡，同時他的先知使命更札實地進展。然而，在困境的最初時期，詩人免不了呻吟他內心深處的痛苦；面對著大海，他寫說：

　　你對我說：——給我你的靈魂；
　　流亡者，在我裡面熄滅你的火焰；

行者，把你的手杖丟進海浪裡；
把你可憎的視線轉向我。──
你對我說：──我曾幾度使蘇格拉底安睡；
你對我說：──我平息過卡頓⁵！」（〈夜〉，1852）

1857年7月，他在〈懷鄉〉詩中寫說：

遊蕩著；遼闊的海洋為監獄；
不再有未來，但有天涯；
冥思著；等待海洋離去。
/…/
我尋找失去的巴黎，我捍衛的巴黎。

對想家的流亡詩人而言，「雷電說的是英語」⁶，如何逃出
懷鄉這個囚獄使得他看什麼都不順眼，甚至岩壁下的海水也變得
深沉難測。烙印在雨果身上的流亡歲月的痕跡也成了他作品的特
色之一，在他結束流亡生活而即將回國前夕，他宣告：

我將去，我將進入聖城牆，
噢！巴黎！
我將帶回流亡者永不熄滅
的靈魂！（〈返回法國之時〉，1870）

在雨果的作品中，海洋是歷史的最佳隱喻，它透露眾多民族的命運；與之相對的是人在社會中所戴的種種面具，它們使人的感覺錯誤，同時束縛著人的靈魂。在雨果十八年與海洋的朝夕相處期間，他以文字及繪畫傳達他的思索與情感。他這時期的畫作很多是一艘孤舟（或船）與汪洋，看得出船隻既與海水共生共存又試圖脫穎而出。整體上，雨果所寫的所畫的是一個經苦難掏洗過的中年人用熾熱的心為平等、自由與博愛爭戰。人與人之間的互鬥互殘使他在理智上抱持悲觀態度，然而他總執意要改變可悲的環境，樂觀地相信明天會更好。他雖然四周被海水圍繞，仍然努力經營他與法國社會之間的對談，當然是用文人之筆。例如，他的《歷代傳說》如浮世繪般刻畫人的故事，明顯地表露他「與被踐踏者同在」（〈致被踐踏者〉，1871）。雨果在這本詩集裡也借用不少歷史上名人名事和傳說典故，以敘事詩的形式闡明他的人生觀點，像〈艾梅西尤〉一詩中的查理曼大帝，〈羅蘭的婚禮〉一詩中重新塑造《羅蘭之歌》的主人翁羅蘭。雨果試圖透過人在社會中的多種角色突出他的民主共和理念，這個理念是以人世關懷為基礎。

---

5 Caton, 古希臘哲學家。

6 他所流亡之地是英國領土，所以他把打雷和閃電擬人化，說它們說的是英語，乃在強調他深切的孤寂感受。

榮耀的「文學祖父」

雨果留給後人約有三種形像：得志的少年文學家、落魄的中年流亡者以及滿載榮耀的銀髮智者，其中最爲人熟悉的是第三種形像。白髮蒼蒼的雨果是從人生戰場的前線回來的令人敬仰的老兵；孜孜不倦地分享其對生命的體悟。他同時是一個慈愛的祖父，在他的子女相繼去世後盡心盡力地照顧兩個孫子。此外，他繼續以時代的智者與先知的角色傳遞安慰的話和警惕之言，爲了照亮人心，在版蕩之際替民眾指出正義的道路。雨果這時期的詩歌有些難免給人說教的感覺，但他在行文中經常揉合先知的嚴肅與小孩的嬉笑，倒也使人在和小孩嬉笑的同時接受了訓詞。

儘管雨果的文學作品生前即得到眾人的肯定，他的家庭生活卻不平靜，他幾度遭喪失親人之痛，尤其是他1843年痛失大女兒和大女婿，1868年失去妻子，1871年頓失其長子時，他的〈哀悼〉詩中寫說：

> 夏勒！夏勒！我兒啊！什麼，你離我而去。
> 啊！一切流逝！什麼也不留！
> /…/
> 神收去我的祖國。
> /…/

神收去我的家庭。

/…/

跟隨夏勒就夠了：只見

崇高偉大的目標

/…/

我走在哀悼中，卻驕傲；在義務的背後

我直直走向深淵。

　　驕傲的詩人為兒子處理善後之後，只能在深淵中獨自療傷，一幅傲骨凜然的悲劇英雄形像。此時，他還得撫養孫子和孫女。祖孫的相處景況在《做祖父的藝術》（1877）一組詩中有生動的描述：「一個小孩就能把我弄得笨拙／我有兩個：喬治和珍娜；一個當我的嚮導／另一個作我的光源」（〈喬治和珍娜〉）；「她在一天的中間小睡；／因為小孩比大人更需要做夢，／這世界是如此醜陋而我們來自天上」（〈午睡〉）；「珍娜在作夢，坐在草地上，粉紅的臉神情嚴肅；／我走近她：──告訴我妳要什麼，／珍娜？／…珍娜回答：──我要看野獸。──／我於是指一隻草中的螞蟻給她看。／──看哪！但珍娜只高興了一半。」（〈珍娜在做夢…〉）。事實上，珍娜想看大型的野獸，所以對螞蟻興趣不大；另一首〈珍娜光吃麵包…〉描寫珍娜被處罰關在幽暗的小房間裡，並且只有沒加果醬的麵包可吃，慈祥的祖父祕密地給她果醬，讓她不再光吃麵包。這組詩有長詩也有短詩，顯示雨果不

僅寫與歷史人類命運有關的雄偉浩大主題，也寫取自日常生活的小調。1876年他寫了一首長詩〈小保羅〉，詩中主人翁保羅是個依靠祖父的孤兒，雨果透過小保羅表達出他對社會中貧困兒童的關注。當然，他的著名長篇小說《悲慘世界》早已極深入地刻畫貧困兒童的艱難處境，此時他親身養育著兩個孫兒，筆下的文字樸實而更加動人。

　　雨果在〈眼睛深邃的男人…〉一詩中，透過一個族長與一個旅人之間的對話，點出人世的真實狀況及未來走向並不如飽學的宗教領袖所認為的那般；詩將結束時，族長終於認出旅人是一位先知。上文中已討論過雨果以先知詩人的角色自居，他的「先知」作品幾乎都引用基督教《舊約》中的先知典故，但雨果並不是基督徒，基督教文學正如古希臘文化，成為他創作的泉源，他能藉古喻今以警誡民眾。譬如在〈被石塊擊斃的人〉詩中，我們聽到神的回話說：

　　/…/人走過，變暗了
　　被夜，被冬天，被影子並且被他的靈魂，
　　因為他在我放火光之處放置灰燼；
　　既然他不聽，既然他懷恨
　　那些向他走來的人，他看見他們有我的氣息，
　　既然他以享樂為法律，以肚腹為神，/…/

　　引用《聖經》中的典故的確讓先知詩人的警誡之音似乎更有憑藉，也更有力量。雨果晚年的智者祖父形像使後來的一些作家直呼他爲「文學祖父」。1870年代中起直到他去世，雨果的名聲達到顛峰，他所受到的國家級的葬禮，證明這位曾被人拒絕的「先知」最後贏得了大多數人的讚賞。

　　被譽爲一代文豪的雨果是否眞的達成他自許的先知使命呢？這還有待時間來驗證，不過，雨果在他1881年8月31日親筆寫下的最後的遺囑中，已經預見了今日的歐洲聯盟，他要將他所有的手稿贈給巴黎國家圖書館（現稱法國國家圖書館），說它將來會是「歐洲合眾國」[7]的一個重要圖書館。雨果主張公民普選及全民義務教育，斷頭台的殘酷使他終身爲取消死刑而奮鬥。今日法國人的民主與自由其實是前人用血淚爭取而來的，這也是爲什麼今年人們藉著慶祝雨果兩百年生辰，同時紀念先人的事蹟。

　　雨果在文學上的成就不能只貼上「浪漫主義」的標籤，因爲他的作品蘊含著現代性；波特萊爾向來被公認爲法國現代文學的始祖，但他的作品卻相當古典。此外，雨果的幾部以困苦的勞動人群爲主角的小說也開啓了十九世紀法國現實主義小說的潮流。雖然雨果的一生與政治息息相關，但使他留名青史的仍是文學作品。

7　Les Etats-Unis d'Europe.

■三部小說、一個主角、一個人道目的

鄭寶娟

　　1829年，巴黎書肆出現了一部匿名發表的中篇小說，定名為《死囚末日記》的第一人稱敘述手法，像是出自一個臨上斷頭台的死刑犯悲絕的哀鳴。關於該書的來處，最盛行的說法是，獄卒在一個已被處決的罪犯的單人囚室發現的手稿，將之低價賣給了出版公司。但是1832年那本小說再版時，多了篇序文，作者聲稱他寫作的靈感來自「斷頭台下的血泊」，同時作者的眞正身分也披露了，那就是時年二十七歲的維克多・雨果。這時距離他發表劇作《克倫威爾》（*Cromwell*）及其序言〈浪漫主義宣言〉，對古典戲劇「三一」鐵律展開正面攻擊，從而成爲法國文壇的上升之星才兩年時間。

鄭寶娟

1957年生，淡江大學英文系畢業，曾任藝文記者，目前旅居法國巴黎。十七歲寫下生平第一個短篇小說，二十歲以一部二十萬字的長篇小說贏得第一屆《聯合報》文學獎，創作二十年成書逾二十種。邇來也發表一系列時論與評論。

法國浪漫文學第一人

要瞭解雨果其人其文，非得深切瞭解浪漫主義的思想體系不可，正是此一性靈與創作的「解放運動」為他的人格與作品烙下最絢麗耀眼的色彩。談到浪漫主義，首先得確認它是對十八世紀歐洲「理性時代」及「新古典主義」而產生的對抗性思潮。「理性時代」的文學主張，一言以蔽之，就是一切得「循禮依法」，非但詩的韻律格式有成規定則，連戲劇的主題與內容都有種種慣法及禁忌，凡涉及暴力與流血的情節都得刪除。「新古典主義」不鼓勵作家抒發個人觀點，描述的對象往往局限於人格高尚堂皇的大英雄大思哲，連用字遣詞也唯典雅是尚。這兩派思想都認定人有原罪、有劣根性，而文藝的社會職能就在於透過美善及崇高的呈現加以教育及匡正，「理性」（raison）一詞正反映了對人性的不信任？唯有施以理性的教育才能使人接近道德的完美。

浪漫主義則相信創作過程中閃現的靈感與靈啓，鼓勵想像力與原創性的發揮，不再奉詩的格律與劇場的慣性為正典，相反的，要將凡夫俗子市井小民的喜怒愛欲及口語俚語引入文學的聖殿，因為這派創作者相信，健全的生命哲學應該善惡並存，最最反對波斯摩尼教（Manichaean）捨惡擇善的二元對立觀，他們拒絕認同原罪論，強調人的自由意念，力圖讓人從宗教與政治的束縛解脫出來。

025

　　正是這種以人為本的卓絕思想，造就了雨果這位高尚的人道主義者，他的作品有法國人熟悉的風景、民俗和口語，有人們自孩提時代就習以為常的故鄉的一切，而在血統、故土、母語之上還有人類這個大家庭，使得住在最遙遠最陌生的土地上的人們也能在他的作品中發現故鄉與故人。拿他1831年出版的長篇小說《巴黎聖母院》來看，便是部想像力熾熱騰躍，繁花似錦又朝霞一般新鮮的浪漫主義巨構？情意綿綿的愛情故事與腥風血雨的廝殺交替呈現，小說的主角都是反英雄式的人物，埃及女郎與敲鐘人本是最不值一顧的社會零餘人，然而到了雨果筆下都是那麼純潔美善，而妖僧與軍官本是社會的得勢階層，卻因利欲之心而淪為可鄙可惡之徒。然而雨果可不讓善惡淪為簡單的對立，他把妖僧對美女的苦戀痴愛寫得如此淋漓飽滿，竟然也從中看出這個人物心靈的縱深及它的沉重堪憐，這種絕望的孤獨的壓抑的愛，雖然出自一個陰沉叵測的心靈，然而它所折射的感情邏輯竟是那麼自諧完滿，隱隱透出浪漫悲劇的光輝色調來！小說有實的背景，巴黎西岱島、塞納河、大學區直至聖母院，至今仍然有實景可尋，而這實的景與離奇的情節相扣相應，造成的反差成就了非凡的藝術效果，竟把一則虛構的故事織入歷史的繡幃裡，成了法蘭西人民的集體記憶。

　　雨果的詩作也都是些火爆、勁頭大的快意之筆，敘述單刀直入，沒有迂迴婉轉的躊躇，帶著濃厚的戲劇與小說味。他寫該隱殺人，殺死的是他自己的手足，自此陰魂到處追逐著他；另一詩

寫拿破崙從斯莫冷斯克敗退，兵敗如山倒，走到英雄命運的窮邊絕塞，讀之能使人欷歔不已甚至涕淚滂沱。跟他的小說一樣，他的詩作雖是絕妙的大比喻之作，可是人物面目鮮明，情節跌宕起伏，非常容易被讀者複述，所以很多白丁雖然沒有親自讀過，在聽家人與朋友誦讀過後，往往也能朗朗上口。

以筆當劍鋤除人間不幸

「死刑！死刑！連著五個星期，這個可怖的字眼日夜伴隨著我，迫使我在它的重壓下絕望地活著。我剛剛寫完遺書，為什麼？因為我被告知：要交費了，斷頭台的運作是昂貴的，這些費用必須由受刑人自己支付。這是多大的諷刺！一個人竟然得為讓旁人奪走他的生命而付費，而這筆費用的數目之大，遠遠超出我全部的財產。」

「我即將死亡，拋下母親、妻子和一個三歲的女兒？一個有著玫瑰色臉頰，又黑又大的眼睛，和蜜糖色頭髮的柔弱生命，我最後一次見到她時，她才兩歲又一個月大。就這樣，在我上了斷頭台之後，三個女性將分別被奪走兒子、丈夫與父親，在世人鄙夷猜忌的眼光中活下去。我的受刑如果罪有應得，她們則純粹是法律的犧牲品，得的是連坐罪，成了被侮辱與被損傷者，這難道就是所謂的人間正義嗎？」

　　這就是《死囚末日記》裡絕望的告白。雨果也在序文中抒發了他對「斷頭台的僕人」劊子手的譴責與蔑視，他提及1830年10月份發生在巴黎高等法院裡有關死刑存廢的評論，如此寫道：「劊子手一聽到我們談論人道主義、博愛主義、司法與獄政改良時，就嚇得瑟瑟發抖，這個卑劣的傢伙像耗子怕陽光一樣，受不了七月革命的烈火燒向斷頭台的木頭間架。」在文末，雨果用以下的話結束對死刑激烈的譴責：「過去的社會結構由三根柱子支撐著，那就是國王、教士和劊子手，幾年前有人喊：『上帝走開！』，不久前又有人喊：『國王走開！』，現在該是喊出：『劊子手走開！』的時候了。」

　　雨果這「劊子手走開」的呼聲很響亮，然而卻沒能撼動既成的體制，眾議院和參議院在重新審議死刑存廢問題時，都投票反對廢除死刑，雨果預先知道結果，以不出席做為抗議。同年，他在《巴黎評論》文學雜誌上發表了有名的短篇小說《克洛德·格》（*Claude Gueux*），寫的就是真人真事，篇名用的是故事中先犯偷竊罪後犯殺人罪的凶犯的名字，在小說中，雨果單刀直入地譴責了社會，認為社會對罪犯的產生負有絕對的責任，他還彈劾了法律的不公正與殘虐。

　　「人民在挨餓，人民在受凍，苦難迫使他們走向邪路，迫使男人們走向監獄，迫使女人們走向妓院。你們的苦役犯與妓女太多了，這兩個社會的潰瘍說明了社會這個組織的血液裡已帶了病

原，你們現在就在病人的床頭開始會診吧。」「你們治這個病治得很糟糕，你們制定的法律只是下策，只能起到緩解病情的作用。你們的法典，一半是陳規陋習，一半是經驗主義。烙刑只是使傷口壞死的燒灼法，它讓失足者一生都帶著罪行的烙印，迫使犯罪者終身與罪惡結成莫逆，而死刑則完全抹煞了人做為萬物之靈的根基，那只是國家社會對一個失足者最極端的報復。」「先生們，你們每年砍的頭太多了，既然你們事事都談節約，那就在人頭上節約吧，既然你們對取消這麼感興趣，那就取消劊子手的職位吧，用八十個劊子手的薪俸，你們可以支付六百個小學教師的薪津。爲人民著想吧，爲孩子們辦起學校，爲男人們辦起工廠，並到所有的林莊傳播福音，給每戶農家帶去一本聖經。」「對於這些可憐的有缺陷的人，首先應歸罪於自然，因爲自然把雛胚搞壞了，再來應該怪罪教育，因爲教育沒有把雛胚修好。請拆掉監獄，用它的磚石蓋起學校，在窮人的苦難之杯中注入希望和對幸福的嚮往。」

由《死囚末日記》到《克洛德‧格》可以說是兩個小說一個主角，雨果冷靜地凝視身處的法國，把筆尖插入分崩離析的階級社會，抽絲剝繭地進行細緻的解析、大膽的呈現和最直接的抗議。這個階段的雨果，已是法國文壇主流思潮浪漫主義的領袖，經歷過劇作《歐那尼》(Hernani) 在法蘭西劇場首演時，新舊兩種劇派掌聲與噓聲交替而起並演成舞台上的群架的文化事件，也

029

經歷過「七月革命」與路易菲力皇帝的「立憲王政」成立的歷史事件，這樣的時代背景成了他生命的轉捩點，這位出身於拿破崙治下的將軍之家、贏得法王路易十八創作年金的宮廷詩人，在社會劇變的激盪之下，逐漸蛻變成一個自由主義與共和主義的社會運動健將，可以說他自身就是個浪漫的革命英雄，因為「對周圍人群境遇的不滿」，從而挺身而起，而他反抗的最具體的對象，便是斷頭台。

由反對革命到贊成革命

值得注意的是，在路易‧菲力普的主憲君主制統治下，1830至1840年的法國經歷了史無前例的產業革命和社會結構大崩解，大批無產零餘人的悲慘命運催生了左翼政治運動。1836年在當時的巴黎形成具有巴貝夫主義色彩的法國工人共產主義，大批被剝奪了土地的外省農民湧入大巴黎地區，成了廉價勞動力。巴黎這個本是各行精英匯集的大都會轉眼之間成了工業生產中心。階級革命在歐陸各處醞釀著，雨果的同代人，德國的激進思想家魏特林（Wilhelm Weitling, 1808-1871）就主張勞動群眾應該徹底摧毀舊社會，建立一個財富共有共享的新社會。他反對改良，主張暴力革命，不相信來自資本家與金融家的自發性的改革，認為國有銀行與國有企業的種種調整措施只是高明的障眼法。他宣稱「與敵人協商只會帶來損害，希望存在劍鋒之上，窮

人必須用鮮血爲自己殺開一條血路」，宣稱「基督的到來不是叫人間太平，而是叫人間動刀兵。」

這正是法國資產階級大革命後復辟與反復辟勢力較量的年代，政治勢力開始出現了新的組合與消長。正是這種社會結構的深層政變，在短短一代人之中，創造出大量的都會閱讀人口。而小說這種最能反映社會現實的文學創作形式，正好投合了這些新興市民階層的閱讀口味，形成了法國文壇的主流。因詩作與劇作崛起文壇的雨果，也就在這個階段，開始了一個小說作家的積極創作生涯。

這當兒，雨果仍然爲法國司法與獄政的合宜性進行不懈的質疑。他曾與巴爾扎克及大仲馬一起赴巴黎劊子手阿佩爾的餐宴，爲的是深入瞭解監獄的黑暗面及死刑的可怖。在雨果看來，既然司法機構可能把有罪的人斷爲無罪，就也有可能把無罪的人斷爲有罪，「無枉無縱」是最理想的狀態，但卻根本做不到。這時人道主義的做法就是「寧縱勿枉」，因爲法官可沒有天眼通與天耳通，「寧縱」的話，誤判時尚有補救的機會，「寧枉」就沒有。再說，一個人因不知法而犯法，社會首先剝奪了他知的權力，而代價卻必須由他自己來支付，這恰恰好是社會公義的反向操作。所以在雨果眼中，「斷頭台是法國大革命唯一沒有破壞的東西。」「應該把犯罪看成一種疾病，這種疾病需要醫生來代替苦役船與斷頭台。」

1845與1846兩年，法國農村普遍歉收，造成了全國性的糧

食危機，進而波及金融運作與工業生產，製造了大批失業人口。到了1847年，危機已擴大到全歐範圍，催生了法國的「二月革命」。左翼知識分子、新興工薪階級和大巴黎的資本家聯手，要求社會正義與經濟民主。總而言之，這波革命思潮的首要目標就是要甩掉王政的束縛。權貴之家的出身背景，使得雨果對流血革命抱持懷疑及敵對的主場，甚至不惜支持執政者的血腥鎮壓策略。

「二月革命」之後成立的臨時政府，延攬了許多進步思想家入閣，著名的社會主義學者路易・布朗也在閣員之列。這時原先投身革命的資本家警覺地發現，他們再無法借政商勾結與政府授予的壟斷持權而大發橫財，曾與之聯手的左翼知識份子及新興工人階層正是阻斷他們財源的人。於是這些唯利是圖的投機者立即拋棄了原先的進步口號，轉頭支持保守的封建勢力，組成高唱「家庭、財富、宗教、秩序」的「秩序黨」；扶持拿破崙的侄子路易–拿破崙的帝政復辟，殘酷殺害無數左翼與自由派人士。

一直冷眼觀察社會驟變的雨果，在那場大資本家先利用後背叛自由民主理想的醜劇中，立場終於由革命的反對者變成革命的支持者，這時他充分發揮了「以筆代劍」的文人鬥士的長才，在1848年創辦了一份叫《時事》的報紙，不斷寫文章促使各界對低層民眾的關懷，以進行社會改革。他經常帶領手下的記者深入民間明查暗訪，揭露人間的不平現象，這個階段與廣大百姓的接觸，正是他日後寫《悲慘世界》的主要根據。而《大事報》的淑

世濟世宗旨，也成了法國同類報紙師法的對象，至今仍然被法國人廣泛傳閱的《碎石路報》(*Macadam Journal*)，是一份專門報導貧困大眾與潦倒藝術家生活狀況的半月刊，就承襲了《大事報》的辦報精神。

雨果同時加入了左翼的民主黨，嚴厲批評時政，這當兒他仍然為死刑的廢除奮鬥不懈，在寫於1848年10月的一篇題為《偶記見聞》的文章中，他寫道：「裁決是神的工作，而不是人的職業，人類社會怎能允許一個會犯錯誤的人對另一個人的生死加以定奪呢？既使擁有最周全的法律程序，最廉潔最機敏的法官，也仍然難免偏見與誤判。當公權力玩弄人的生命時，人類已徹底失去他的尊嚴。」這篇文章寫於1846年，做為參議員的雨果，參與審議國王領地楓丹白露的森林監護長勒孔特刺殺路易‧菲力普未遂案，以一人對抗另外三十二名議員而未竟全功之後。在挽救勒孔特生命不得下，他感慨地寫道：「十八年來，我持續對死刑的存廢做最全面的思考，根據我的觀察，群眾從死刑中學不到任何東西，倒是對野蠻、殘忍、報復習以為常、日益麻木，甚至變得嗜血。一個人在行凶時，是處於理智丟失的精神狀態，國家除非也丟失理智，否則怎麼對個人行凶？」

由於對當局毫不容情的抨擊，使得雨果成為路易-拿破崙的眼中釘肉中刺，從而在1851年被流放到海外，在那長達十九年的流放生涯裡，他成了法國人反抗帝政復辟的精神領袖，也造就了他創作生涯的黃金時代。他先逃往比利時的首都布魯塞爾，隨

033

後又逃到英屬的澤西島（Jersey），最後定居於英倫海峽中的香奈
爾群島中的蓋納西島（Guernesey）。就在這個蕞爾小島上，雨果
傾全力以筆代劍對反動政權展開無情討伐。他從左恩西島傳回歐
陸的作品，總是為反對運動陣營爭相傳閱，鼓動著革命熱血，使
他成為法蘭西精神的領航人，從而有了「民族詩人」之譽。

「小人物史詩」

更重要的是，在流亡歲月裡，他完成了自「死囚末日記」發
表之後，便開始在腦中孕育的長篇巨構《悲慘世界》（*Les
Misérables*）。這部「帶有偵探小說色彩的宗教小說」（雨果語）
中的主人翁冉阿讓（Jean Valjean）是個出身寒微卻情操高尚的
人，他冷靜沉穩、不苟言笑、力大無匹，而且天生具有領袖氣
質，因為犯了偷竊麵包的小罪而落入大牢，一頭跌進對個人全方
位監控的國家機器的掌心裡，終其一生被那個有著偏執人格的警
探賈維爾(Javert)所追逐所迫害。這部偉構不管由人物塑造或情節
舖設來看，在在使人憶及雨果那個著名短篇《克洛德‧格》。

故事的實質進行時間是從1815年到1832年，雨果由滑鐵盧
戰役寫到巴黎人民起義，借冉阿讓坎坷的一生來反映整個法蘭西
社會的心靈起伏與激盪。作者在這部書中對當代社會問題探討之
深刻和觀察之細微，使之被目為一部雄偉的「小人物史詩」。雖
然人物帶著超現實色彩，情節又過多巧合，且事物的因果關係蒙

上一層濃厚的宿命觀，忽視了社會結構的深層根源，然而這些缺點都沒有削減掉它震撼人心的力道。理由在於雨果是揣著一顆無比赤誠的心，描繪一個活在「吃人的階級社會」裡的「零餘人」在死亡線上為生存而掙扎的悲慘情景。在落筆時就極力把當時的現實問題融入小說的情節當中，希望能喚醒人們去正視並剷除社會的陰暗面。

　　這樣一部作品的描寫功力與背後的創作動機，在法國文學史甚至世界文學史上，都稱得上是里程之作。擺在英國狄更斯的《塊肉餘生記》或俄羅斯杜斯妥也夫斯基的《罪與罰》之間也毫不遜色。它標示出歐洲文學裡斷斷續續現身的人道主義的高峰，使得那類作為一種精神鴉片的戲劇或文學作品顯得如此蒼白貧乏。因為那類作品存在的目的是做為統治階級的幫凶，以壓抑解放之路來維持舊有的社會結構與既存勢力。

　　許多古典名著由於年代邈遠，語言隔閡，審美情趣變異，光芒已被厚厚的歷史紗幕遮蓋住了，很難再進入現代廣大讀者的視域。只有極少數的作品，經過幾番時間的大淘沙後，有幸被保存下來，雨果的作品就是其中最明顯的例子。我們與其說創造這奇蹟的是他寫作的天賦，勿寧說是他那顆博愛的心。這位高尚的人道主義者在漫長的創作生涯裡，自始至終積極參與當時的社會變革，雖然出自名門，出自上層社會，卻由衷地關懷廣大的低層民眾，與之憂患共濟榮辱與共。慧心的讀者不難從他的作品中，感受到一種人溺己溺人饑己饑的宗教家般的偉大情操。

本文擬於篇幅限制，只能把重點集中在雨果爲廢除死刑所做的不懈努力。由1829年出版的《死囚末日記》，到1832年發表的《克洛德·格》，再到1845年即動筆創作、1832年初版，由構思到完成前後經歷了十五年時間的《悲慘世界》，我們可以看得出來，這是同一個人物化身到不同的三部小說，以自身非人的遭遇揭露社會的黑暗面及在當時無所不在的斷頭魅影。光是作者的這種堅持與苦心，便教人爲之折服，這是個竹劍瘦馬大戰風巨人的唐吉訶德啊！

眼下法國人的尊崇雨果，可說是一種社會共鳴，特別是雨果畢生追求階級平等的精神，已經成了法蘭西的「國有資產」與「民族魂」的重要組成部分。經過幾番歷史的大浪淘沙，雨果自然而然地由千千萬萬作家之中脫穎而出，被推上「一攬眾小山」的峰頂地位。今年適值雨果誕辰兩百週年，法國政府強調慶祝的是「我們共和國賴以建立的價值體系」，法國一些民間團體還主張，應該把巴黎市改爲「Hugopolis」（雨果之城）。而法國國家圖書館的大型文物及圖片展，則定名爲「一個如海般浩瀚的人」，則十分形象地勾勒出他在人們心目中所占的份量。

雨果的真情

──關於《做祖父的藝術》[1]

徐慧韻

　　這本詩集的作品大部分寫於1875年，屬雨果晚年之作，其中也結合一些早期零散的詩文手稿；內容編排並沒有依照時間的順序，而以詮釋的含意配合主題爲依歸，其中寓意哲思。雨果言之：做祖父的藝術是「服從小孩」；但這並非一本給小孩看的書。從而閱之，我們可以感受到其中意涵著雨果的人生態度及其生死觀。他所回憶的新生與死亡，一種跨越年歲的關係在時間之流運作與變化。所有自然的現象或意外事件，甚至大環境下的變遷，雨果在回憶的同時，輸入了他的真情與慨然。逝去的不再復返，而記憶中的影像卻歷歷如新。誠如其所言：「當小孩長大時將可讀它」，表達的不只是一種心境，也是爲歷史歲月留下可尋的記錄。

徐慧韻
1967年生於高雄，法國巴黎第八大學文學博士。以中法文發表藝術評論、中翻法古典詩文，及從事創作、意象研究與翻譯。在文學與藝術作品中尋找生命真義的喜悅。

以下三首詩選，讓我們來欣賞雨果：

〈眾人如是說〉[2]

　　　　五歲
獅子，那是狼。

　　　　六歲
那些野獸很兇猛。

　　　　五歲
是的。

　　　　六歲
小鳥很糟糕；牠們很髒。

　　　　五歲
是的。

　　　　六歲看著蛇[3]
那些蛇…

　　　　五歲仔細地瞧
　　　　　　　是用皮做的。

　　　　六歲

1　Victor Hugo, *L'art d'être grand-père*, GF-Flammarion, Paris,（1985）, 1997.
2　*"Ce que dit le pubilc"* 寫於 1875/08/15. 出自 *L'art d'être grand-père*, p. 59.
3　斜體字表示狀態，用以區隔說話的內容。

小心猴子：牠會抓你的帽子。

　　　　　五歲瞧著老虎

又是一隻狼！

　　　　六歲

　　　過來看熊不然牠要去睡覺了。

五歲看著熊

好可愛！

六歲

牠往上爬。

五歲正看著象

牠嘴裡有象牙。

　　　　六歲

我喜歡象，牠很大隻。

七歲突然來到把正在觀看大象

的他們帶走

　　　　　　　　好了！走吧！

你們沒看見牠會用鼻子打你們[4]。

　　以平舖直陳的手法表現童真：小孩被眼前的視野攫住，一個
景換過一個總是新奇；六歲者似乎展現了其年紀稍長的權威，喚
著五歲跟著他觀看的節奏，但不失其保護警覺之心。小孩的注意
力容易分散，也容易被吸引，七歲者表現得像老大，意謂著五歲

和六歲像天眞無邪的小傻瓜，以一種命令式的口吻來嘲諷他們的不懂事。雖是明顯易懂的字意，其中的五歲、六歲以及七歲的安排，透過全詩的組合更將其含意推出了字框。三個小孩也暗示了三代，回觀比照詩境，五歲和六歲的對話隱喻了父母和子女的關係，其間的教育方式亦或經驗見解之差異。七歲則代表祖父母輩，當然人生的歷練更廣更豐富；在詩中彷彿呈現：「聽我的沒錯」，不需要像五歲和六歲那樣各看各的各說各的，因之七歲的表現也很簡潔扼要，全文中以兩行做終結。他也展示出一種屬於第三者的立場，一方面超脫兩者，另一方面又有著自己堅定的意見。

　　這樣以「三」個相關卻各自獨立的角色安排意義頗深：引導至人們生存的環境與依存的社會，主觀與客觀之間，自我個體以及對應的種種作爲，彷若這「第三者」的存在思維成了判斷考量的一個要素。當然這不單指人，對事物而言亦同。看看作者與其作品還有和讀者的關係，三者之間是相互獨立且存在，然而，當「相遇」的同時是不是可以激起無數的變化與延伸？加上時間與地域的轉變，百味雜陳足以醞釀千千萬萬不同的見解。那些意想

---

4 1874/06/12.在雨果的手札上記載「如果大象朝我吐口水或用鼻子打我，你就臭罵牠！」
　由此可見延伸的想像力：依據時間上的差距判斷，可以推測在當時隨興記下的一句話，成了回憶時的靈感泉源而作了此詩。

不到的事或預料不到的意外，也屬於「第三者」的存在思維；從何而來？為什麼會這樣？帶來哪些影響？如何去應對？只不過是一個事件，一個單純存在的事實，但由「人」導引之下卻分外精彩。

試想若去除七歲的角色，是不是會少了一種迂迴的震撼力？以敘事的手法表現兩者之間的對話，若沒有第三種聲音出現，似乎會陷入纏繞的僵局——公說公有理，婆說婆有理，沒完沒了。詩文中七歲的安排，則適時導引出另一個不同的觀點，也把讀者帶出五歲與六歲的場景，截斷的同時也引發另一層思維。再者，假使主題「眾人如是說」依據情節改成「小孩說的話 / ce que disent les enfants」，那麼詩的意境是不是就受到局限？眾人如是說，似乎巧妙隱喻一種大眾化的現象，亦即造就某一種通俗習慣；映照前述對「三代」關係的假設，也適切地回應出親屬關係之巧妙。

這是雨果的特質還是手法，讓他的詩生動起來？在真情與詩句之間：

〈飛耀的靈魂〉[5]
那些你喚起的靈魂，
我親愛的，已不再回來。
又為什麼要固執，
啊！停留在那邊？

041

在那光亮的宇宙，
在藍天在晴空，
難道就比較快樂
比起和愛你們的我們在一起？

在蒼穹之下我們有
一棟房子靠近聖勒[6]。
花朵是那麼美麗！
天空是那麼藍！

在落葉裡，
我們在朱紅的林中奔跑；
尋找金龜子
在陽光照射下的古老圍牆；

---

5 "*À des âmes envolées*" 寫於 1870/04/28. 出自 *L'art d'être grand-père*, p. 129.
之前詩名為〈我死去的親人〉（*Mes morts*），這是有關於雨果的女兒 Léopoldine
（1824-1843）和 1868 年 8 月 30 日葬於 Villequier 的雨果夫人。（1843/09/04 其女和女婿
在旅遊時意外溺水喪生於 Villequier）

6 指 Saint-Leu-La-Forêt 在 Ile de France 境內的 95 區（Val d'oise），離巴黎約莫 25 公里，
屬巴黎北邊的郊區。這是雨果和家人們夏季度假的地方，位於 Montmorency 森林的南
邊。

我們嘻笑著
以前天堂曾聽見過這笑聲，
總像述說著
我們曾說過的話：

我敘述著母鵝的故事；
我們當時很快樂，神知道！
並發出愉悅的聲音
讓鳥兒飛過。

字裡行間流露出懷念與感傷，逝去的靈魂交疊雨果的感念，
靈魂從而自底心飛耀，使記憶中的影像生動起來，那個過去與現
在，彷彿共展了另一種生命力，是詩，活化了文字的意境！

前兩段表現對不可知世界的假設以及緬懷的愁悵，第三段的
表現充滿無限的感慨，並且上下呼應，第四段到最後是對美麗記
憶的陳述。這其中不乏鮮麗的色彩：天空的藍、泛紅的樹林、陽
光的璀璨以及輕悅的笑聲。文中的「天堂」回到了前述所謂「第
三者」的假設，這裡似乎隱喻了一種命定的危機，用想像力將回
憶中的臆測壯大。事實上這都是雨果個人的思維與想像，因為現
實中的意外事件，那不可知的與必然的現象匆促結合，遂而引發
一連串的假想來試以詮釋，這同時並拿捏詩意的張力，也是文字
作用的影響。

如果只有假設的疑問，讀者的感受想像可能會脫出作者的原意；如果只是對回憶的白描，那麼詩句也會缺乏前後呼應的凝聚力。驚歎中的語氣似乎表現一種絕對的美好園境，同時流露感傷的口吻；那些個不明白成了時間裡的謎，加劇詩韻的節奏，最後停留在輕緩的懸念。這樣就此終結了嗎？「飛過」去了，像喚起的靈魂，時來縈迴的影像；鳥兒飛過會再來，心中烙印的影像不時會再叨擾思緒。「人」總是在，物換星移只是在時空裡加味。記憶中的影像就如詩句中的意象，會繼續在時空裡重生。雨果早已與世隔絕，但其作品依然延續著他的生命；對不同的讀者更引發不同的感受，閱讀的喜悅可以無窮盡自作品延伸。飛耀的靈魂不也是從自我底心感受回應出的一種意象！

固執停留在那邊的，並不是那些喚起的靈魂，而是雨果自己的感懷思念。「第三者」的存在思維，不是指雨果或其親人消逝的個體，而是兩者互動所產生的感觀虛設，亦即腦中縈迴的意象。文字便成了落實意象的可能性與工具；透過文字的意思與意指作用，不僅結合了互動關係，更襯托出多樣的感受引導。腦子裡思考的東西，所有那些看不見的假設，都可以藉由文字表達出來。然而，我們是否會質疑文字表達的真實性？如果詩文變成競相虛偽的園地，所謂作品富有的精神性也將蕩然無存。詩可以是一個表演的舞台，擁有多樣的戲碼，各式的手法；戲作呈現的張力各不同，詩所表達的意境更加寬廣無窮。

讀者所能夠感受到的，除了詩句間的含意，還有那份回映的

意象。這是一種「無言的交流」，超越感觀，純粹是自思想中產生的另一種代言的形式。其真實性又如何？如果停留在思考想像當中，便成了孤芳自賞的「絕對」；如果書於文字或以言語表達，就得接受批評與價值考驗。如果欣賞不需要代言，自有一番閱讀的喜樂；如果沒有代言，也會失去交流的樂趣。那麼何謂「共鳴」？雨果寫詩是為了埋葬自己的哀怨情愁憤慨，還是為了能夠與世人分享所經歷的種種真情？作品如果引不起共鳴，會從時空裡自然被淘汰；那些經得起歲月考驗的，不就像浴火重生的鳳凰，一次又一次展露不同的風采。詩作裡的意象成了開放空間，留給讀者自由的想像意識，以及經驗感受不同所衍生出不斷翻新的詮釋。

多少感懷多少惆悵，莫過於對國家處境的憂心。透過詩句呈現出詩人的憂國情懷，冀望中的平和不是只能在詩文中寄託，藉由詩把希望展現並賦予堅決的肯定。雨果詩情裡的風采卓耀在歲月之流：

〈關於搖籃曲〉[7]
我守著你　不要怕　我會等你睡著
天使會來親吻你的額頭
我不想讓你的夢裡有
凶殘的模樣

看著你的手在我手心裡我要
風將暴雨轉換成琴聲
不祥的夜晚在你的夢裡換成了
微笑

詩人俯身向晃動的搖籃
跟他們說話　輕聲細語述著甜蜜的事
他們喜愛詩人　他的歌像
玫瑰

他比四月還讓草地芳香
比五月的鳥兒掠奪更多的花籃
他自心靈顫動的聲音使得
蜜蜂都嫉妒

他喜歡那些用絲和緞帶編的巢
他的心經常充滿喜悅
使人們大聲的笑以一種輕柔像
哭泣

---

7 *"Chant sur le berceau"* 寫於 1875/07/07. 出自 *L'art d'être grand-père*, p. 80.

他是一位散布喜悅的人
他笑　假使大王和他的幾個侍從
來了　假使他看見凶殘的瞳孔閃爍在
黑暗中

假使他看見從梵蒂岡　柏林　或是維也納
出現了埋伏　烏合之眾　聖經
他立即戒備　不須要太多就可以讓他變得
令人恐怖

假使他看見羅馬大教堂　或遍布如蛛網的
伊尼亞斯[8]教會　或是貪婪的俾斯麥[9]他們所犯的罪惡
他會怒斥並感到在他充滿氣憤的詩句中爆發了
深淵

已成事實　更多的歌　他所冀求的未來
人民和他們的權利　皇族和他們的聲勢
就像是暴風雨的漩渦　讓他的靈魂在那
逐流

他趕了過來　回來吧　法國　恢復你最初的驕傲
解放了　我們看見這個男人站了起來

047

心中有神以及眼神中充滿
利劍的光芒

他的思緒　搖擺如船首
在浪中和在黑暗中飄搖的旗幟
是一巨大的曙光戰車並有著
如翼的車輪

　　詩的進展由新生的嬰兒到詩人自身的描述，融合歷史事件與
社會之現況，最後呼應「搖籃」的延伸譬喻：冀望的未來像長大
的嬰孩，有著豐沛的戰鬥力，時勢也有了轉寰，晃動的局面有待
新一代來重整；飄搖的祖國重拾昔日的光芒，人們也漸漸走出搖
擺的思緒。這一方面也可以聯想到雨果的流亡歲月，從反芻的失
意裡走出，找到另一個文學創作的線索，其真情與理念不曾因環
境的動盪而消逝。

　　詩人的驕傲是他藉由文字構築的理想國，真情的靈魂舞動詩

8　意指由 Saint Ignace de Loyola （1491-1556）所創立的耶穌會 （1540），也是首任主事
　者，其銘言乃：「為神主最崇高的光輝」。
9　指 Otto Bismarck,（1815-1898），德國總理，是 1871 年 2 月 26 日在凡爾賽舉行的和平
　籌備會中與法國總理梯也爾（Thiers）的對談者。1870 年歷史上「巴黎公社」（La
　Commune de Paris）之運動，工人意識為之抬頭。

句，任何人都無法掠奪的平和，是喜悅、是憤慨亦或感懷，詩情的舞台也是詩人的人生舞台。意境之延伸擴展到讀者的感受與想像力，時空是一股巨大的力量還是人本身的經驗意識，使得詩意的布局縮短了現實距離，撥動讀者感性的顫動？假使詩人有意圖雕琢字句，讀者似乎也有意圖探測詩中的奧妙。時空與經驗是相互影響，新生、成長歷練、反思感懷，如果可以在詩裡寄託靈魂，詩人從未掩飾其眞情，因爲感動來自平實的心，無需咬文嚼字就可以創造迴響。如果沒有詩人的眞情，詩作的精神也難以抵抗時間與空間的千錘百鍊。

回觀詩中每段的末句，欣賞其意境以及巧意的安排：凶殘的模樣—微笑；玫瑰—蜜蜂都嫉妒；哭泣—黑暗中—令人恐怖；深淵—逐流；利劍的光芒—如翼的車輪[10]。意象有對比也有延續，還有相互助長的意義。「第三者」的思維在這成了一種爆發的潛力，「另一個自我」從激盪的時勢被喚醒，引發詩句中暗含的意境。詩不僅是靈魂的寄託，也是對社會抗辯與批評的舞台，顯露的史實「當小孩長大時」可以閱讀、可以感受。時空置換了三次：從現實走入了文字，從文字裡跨越到當代。多少的層變異動，視野下的文字意義重新挑起對新社會的省思；不也是作者與讀者之間的微妙互動，沒有語言，只是在思緒裡翻攪，醞釀出「另一個世界」，一個獨立在作者與作品之外的世界。

透過作品的表現，其中傳述作者的意識與表現技巧；然而文字裡的含意可以獨立於作者之外，單純敘述作品本體的故事；讀

049

者觀之，一方面感受文字的意思，一方面從字裡行間觸動自我的遐思。由此，「觀者的世界」與「作品的世界」有了接觸，相遇後的情節就不是作品本身可以包含，全歸觀者自身的感受與想像所另外構思出來的世界。「存在」的本身不單指看得見的物體，它激發人們的意識去感受「存在的眞實性」並導向自我的思維。從自我爲起點，呼應相對關係的對象，從而產生的種種意念，這個世界比現實中我們生存的環境還要逼眞。因爲可以牽動思緒，可以思量作爲，遂成了行動的起源。所有觀看的視野推演之下只不過是一個觸點，一個引發思考或是創作的輔助力。眞切誘導的行動來自思考的核心，來自「自我個體」的意圖，這樣自我核心思考所產生的各式結果，遂被賦與變化的可能性，而且必須在時空裡接受種種考驗。如果眞情是自我底心感受到存在的眞實，那麼欣賞也會變得有價值！

以雨果的晚年看待搖籃曲，彷若重溫他一生的經歷；屬於他的歲月已大半逝去，新生命的躍動像一首歌，有他的詠嘆，有他的回憶。正如重生的意義，一個階段跨越另一個，與自我個體息息相關的生命緊扣著週遭的人事物，互放的光芒才是眞正的價值之所在。

---

10 以原文來說則是：凶殘－微笑；玫瑰－蜜蜂；哭泣－黑暗中－恐怖；深淵－逐流；利劍－如翼。

　　《做祖父的藝術》在詩文中記錄了事實，顯露了真情，更表述了雨果的哲思。作品的生命也是一部份作者的生命現象。藉由「生命現象」的賦與意義，才有「重生」的感觸與喜悅。雨果的真情是他作品中的藝術，這個藝術有著擴散力，點亮生活藝術中的哲思，喚起讀者心中的共鳴，與真情起舞！

【附錄法文原文】：

Ce que dit le public

CINQ ANS

Les lions, c'est des loups.

SIX ANS

C'est très méchant, les bêtes.

CINQ ANS

Oui.

SIX ANS

Les petits oiseaux ce sont des malhonnêtes ;

Ils sont des sales.

CINQ ANS

Oui.

SIX ANS, regardant les serpents.

Les serpents ...

CINQ ANS, *les examinant.*

C'est en peau.

SIX ANS

Prends garde au singe ; il va te prendre ton chapeau.

CINQ ANS, *regardant le tigre.*

Encore un loup !

SIX ANS

Viens voir l'ours avant qu'on le couche.

CINQ ANS, *regardant l'ours.*

Joli !

SIX ANS

Ça grimpe.

CINQ ANS, *regardant l'éléphant.*

Il a des cornes dans la bouche.

SIX ANS

Moi, j'aime l'éléphant, c'est gros.

SEPT ANS, *survenant et les arrachant*

à la contemplation de l'éléphant.

Allons ! venez !

Vous voyez bien qu'il va vous battre avec son nez.

À des âmes envolées

Ces âmes que tu rappelles,

Mon cœur, ne reviennent pas.

Pourquoi donc s'obstinent-elles,

Hélas ! à rester là-bas ?

053

Dans les sphères éclatantes,
Dans l'azur et les rayons,
Sont-elles donc plus contentes
Qu'avec nous qui les aimions ?

Nou avions sous les tonnelles
Une maison près Saint-Leu.
Comme les fleurs étaient belles !
Comme le ciel était bleu !

Parmi les feuilles tombées,
Nous courions au bois vermeil ;
Nous cherchions des scarabées
Sur les vieux murs au soleil ;

On riait de ce bon rire
Qu'Éden jadis entendit,
Ayant toujours à se dire
Ce qu'on s'était déjà dit ;

Je contais la Mère l'Oie ;
On ètait heureux, Dieu sait !

On poussait des cris de joie
Pour un oiseau qui passait.

Chant sur le berceau

Je veille. Ne crains rien. J'attends que tu t'endormes.
Les anges sur ton front viendront poser leurs bouches.
Je ne veux pas sur toi d'un rêve ayant des formes
    Farouches ;

Je veux qu'en te voyant là, ta main dans la mienne,
Le vent change son bruit d'orage en bruit de lyre.
Et que sur ton sommeil la sinistre nuit veinne
    Sourire.

Le poète est penché sur les berceaux qui tremblent ;
Il leur parle, il leur dit tout bas de tendres choses,
Il est leur amoureux, et ses chansons ressemblent
    Aux roses.

Il est plus pur qu'avril embaumant la pelouse
Et que mai dont l'oiseau vient piller la corbeille ;

Sa voix est un frisson d'âme, à rendre jalouse

    L'abeille ;

Il adore ces nids de soie et de dentelles ;

Son coeur a des gaîté dans la fraîche demeure

Qui font rire aux éclats avec des douceurs telles

    Qu'on pleure ;

Il est le bon semeur des fraîches allégresses ;

Il rit. Mais si les rois et leurs valets sans nombre

Viennent, s'il voit briller des prunelles tigresses

    Dans l'ombre,

S'il voit du Vatican, de Berlin ou de Vienne

Sortir un guet-apens, une horde, une bible,

Il se dresse, il n'en faut pas plus pour qu'il devienne

    Terrible.

S'il voit ce basilic, Rome, ou cette araignée,

Ignace, ou ce vautour, Bismarck, faire leur crime,

Il gronde, il sent monter dans sa strophe indignée

    L'abîme.

C'est dit. Plus de chansons. L'avenir qu'il réclame,

Les peuples et leur droit, les rois et leur bravade,

Sont comme un tourbillon de tempête où cette âme

S'évade.

Il accourt. Reviens, France, à ta fierté première !

Délivrance ! Et l'on voit cet homme qui se lève

Ayant Dieu dans le cœur et dans l'œil la lumière

Du glaive.

Et sa pensée, errante alors comme les proues

Dans l'onde et les drapeaux dans les noires mêlées,

Est un immense char d'aurore avec des roues

Ailées.

雨果與聖瓊‧佩斯

Catherine MAYAUX　撰

歐陽瑞聰　譯

譯按

　　聖瓊‧佩斯（Saint-John Perse, 原名 M. R. A. Alexis Leger, 1889-1975），1960年諾貝爾文學獎得主。外交官出身，曾派駐中國任使館一等祕書。二戰期間反對維琪政府的投降做法，被撤消國籍，而流亡美國。他與雨果同樣有被流放的經歷，所以在比較文學領域裡便常有人將這兩者做比較分析。在這篇文章中，作者以非常細微及深入的角度，在佩斯1905及1950年閱讀雨果詩作的眉批與曾提及雨果的相關言論中，以抽絲剝繭的推論，呈現出詩人對雨果的看法，並非只有一般認爲的讚賞，而還具有批判

MAYAUX, Catherine

馬友琳，法國孔泰（Franche-Comt）大學當代法國文學教授。1991年榮獲法國國家博士學位，博士論文以沛爾斯的詩作爲主題。1994年她出版《一位詩人的故事：沛爾斯的亞洲信札》。主持出版了數本有關米修、克羅尚、謝閣蘭及沛爾斯的專題論文。2002年她在柏桑松主持舉辦紀念雨果國際學術研討會。

法國土魯斯米亥爾大學語言學博士候選人。

歐陽瑞聰〔譯者〕

法國土魯斯米亥爾大學語言學博士候選人。

性的保留。

在雨果二百誕辰的今日，這篇文章有趣的是，透過另一個詩人的眼，讓我們看到雨果較少被探討的詩人身分：不只提供了研究雨果的另一種可能性，也讓我們深入佩斯世界，進而反映在不同時代中，各種思潮的主張及影響。

譯文

很可能是在三十年代末，聖瓊・佩斯（1887-1975）曾造訪雨果位於蓋納西島上高城流寓（Hauteville House）的房子，也就此帶回了一些小寶物。他其實在那買了二本描述流亡詩人住所的小冊子[1]及三張被時間染黃的單色明信片，這些都被他良好地保存在資料室的檔案裡。其中一張明信片裡，呈現《悲慘世界》作者的工作室，一個名符其實的「玻璃屋」[2]，讓人躲避其中寫作。荷蘭陶瓷的詩人（雨果喜陶瓷，故名），詩人工作的桌子，就是一塊固定在玻璃牆角的木板，讓雨果在一大早，像在舵輪前

---

1 Emmanuel Guesnon 所著《瞻仰雨果的流亡住所》（1935年6月）；Edouard Forcade 所著《訪拜高城之家及觀感》（無出版日期），這兩本冊子都沒有佩斯的評注。
2 我們記得1941年在紐澤西冰島海灘所寫的〈流亡〉，一開始的詩句為：「開往沙上的門，開往流亡的門，／燈塔的人們的鑰匙，和在門檻石頭上活活被輾過的星體：／我的東道主，請留給我你沙灘上的玻璃屋…」，《作品全集》，巴黎，Gallimard 出版社，1972年，頁123。

的船長，站著寫作。而那朝向海邊的大玻璃面令人感受到這個地點好學及沉思的氣息，也同樣地感到海的呼喚及對另一岸的欲望。從玻璃門窗往聖皮耶港（Port Saint-Pierre）及守護這港口的島群延伸出去，這一方向的景觀讓人先看到布滿各式各樣船艦，汽艇及小船的停泊場，然後在堤防及最後的海岸標誌物外，直到看不見的地方，那兒有聖瓊・佩斯的詩集《岸標》（*Amers*）裡：「更高更遠的海」「超越我們臉孔，與我們靈魂齊高的海」[3]。這一幕景像令人不得不在腦海裡浮現，著有《頌歌》、《流亡》、《岸標》及《風》的詩人眼裡所有關於海的景像。1887年出生於法屬瓜特羅普島（Guadeloupe）的亞歷克西・勒傑（Alexis Leger，即聖瓊・佩斯的原名），從很年輕的時候，於皮特爾角（Pointe-à-Pitre）的船隻停泊港，在一封給他父親的信上詳細描寫那成群的船隻，到他的詩〈門上的文章〉的最後一句：「以鐵皮屋頂的高度望過去，海上帆船的帆布片片，像是一片天空」，到紐澤西（美國）的長堤島（Long Beach Island），面對這片海灘在1941年寫了〈流亡〉，最後到他名為維尼奧（Vigneaux，意思為有葡萄往上攀延的小山丘）的房子的山腳下，面對從吉安半島（Giens，位法國南部）尖端展開的海，他從流亡歸來（1957）便生活在此，也在這裡逝去。拿聖瓊・佩斯與雨果做比較，讓人必定會看到影像重疊的遊戲：在1940年，被撤消法國國籍的流亡者，急忙地奔往美國，在那過了近十八年的流亡日子，這個人可以在於1852年到1870年間出沒在英國諾曼地群島海岸的雨果身

上看到自己。佩斯這個看著自己在20年代於白里安（Aristide Briand）帶領下所展開傑出的外交生涯驟然粉碎的人，可對另一個人有兄弟般的認同，因為身為巴黎議員的雨果，對當時的政治相當的投入，只能用假名及喬裝來離開他的城市及國家。近幾年對佩斯的評論研究普遍是針對這個方向，在兩詩人的詩作、學識、生平及精神間建立一份親屬關係。我們可以從Carol Rigolot相當有趣的新作《虛構的家譜》（*Forged Genealogie*）[4]中看出，他有一章節即致力於勾勒雨果及聖瓊‧佩斯間的這份關係，及其在詩作中可有的蘊藏含意，也解出兩人作品間一個相當真實的對話的意念。

然而，從另一個觀點出發，我們想用一個不同的方式，就是首先以聖瓊‧佩斯基金會所掌有的資料為主要根據，且用文獻學的方法來看待，以說明佩斯對《懲罰》的詩人（雨果）的關係，其實是質疑多於崇拜。

基金會的檔案及聖瓊‧佩斯個人圖書室所藏的雨果作品數其實已先預留了某部分的失望。亞歷克西‧勒傑親手提名為「維克多‧雨果」的檔案顯得相當簡陋：裡面只有一件未完成的資料，

3 聖瓊‧佩斯，《岸標》，"〈祈求－6〉，《作品全集》，頁267。

4 Carol Rigolot, *Forged Genealogies,Saint-John perse's Conversations with Culture,* North Carolina Studies in the romance languages and Literratures, University of North Carolina at Chapel Hill, 2001.

為一份對 René Journet 與 Guy Robert 所合寫的論著《悲慘世界裡平民的神話》的摘要片段，而文章背面的續文已被刪除，這令人懷疑這份資料是否有被良好歸類。這項觀察是不可以忽視的，因為聖瓊‧佩斯生前對於各式各樣主題及作家所建立資料檔，有時是非常鉅細靡遺的，如對保羅‧克勞岱，安德烈‧紀德詩作的歷史及概念，二十世紀詩的實行等等。至於雨果，我們只有一份空的檔案。而他的圖書室給了我們的分析一些珍貴的元素，但卻似乎也揭露了對於閱讀雨果作品相對而言微弱的喜好。在圖書室裡只有雨果二部完整的作品：一是近1900年 Hetzel 出版社再版分成二冊的《靜觀》⁵，另一為 Pagnerre 出版社於1862年出版十冊集的《悲慘世界》⁶。這兩部作品都有詩人的評注——但在《悲慘世界》，只有第一部被評注。此外還要加上之前有提到在雨果高城之家買的冊子，還有 Lemerre 出版社於1865出版由雨果翻譯的莎士比亞作品，1950年《南方雜誌》(*Cahiers du Sud*)的特刊，裡面 Henri Guillemin 刊出雨果未發表的新詩；最後還有兩本對雨果生平事蹟的研究，André Maurois 於 1954年出版的《歐蘭匹歐或維克多‧雨果的一生》⁷，書裡只有少許的佩斯的眉批；〈詩人之愛〉⁸，於1934年，由其作者 Louis Barthou 於1934年6月親筆題獻給亞歷克西‧勒傑，而這本書無疑是沒有被讀過的。唯一有評注的評論書籍 Gabriel Bounoure 寫的廣場上的《方格子遊戲，詩的評論》⁹，裡面有一小章節，從188到200頁，其主題為「維克多‧雨果的深淵」。至於詩人持有的各類詩選，這些選

集只給我們的很少的調查資料，因為其中只有兩本，佩斯曾在雨果的文章批注，一本為《異想詩人，幻想詩的選輯》[10]，1966年Henri Parisot 編，Flammarion 出版社；另一本則是雙語出版品，由William Jay Smith 所選，1967年在紐約出版的《來自法國的詩》[11]。

這些對整體而言所占較少。聖瓊·佩斯的圖書裡，有「維克多·雨果」編碼的書架似乎讓人先注意到它們的陰暗：我們在那

5　維克多·雨果，《沉思集》，〈從前〉，1830-1843，巴黎，J. Hetzel 出版，這書的襯頁及標題頁有手寫文字如下：「Alexis Leger,（Pau）05」；還有在頁裡夾帶一張Léon Noël 1832 年所畫的雨果石印畫肖像；維克多·雨果，《靜觀》，〈現在〉，1843-1855，巴黎，J. Hetzel 出版，我們同樣在襯頁及標題頁發現如下字跡：「Alexis Leger,（Pau）05」。

6　維克多 雨果，《悲慘世界》，巴黎：Pagnerre 出版；布魯塞爾：A. Lacroix Verboeckhoven 出版，1862，5 部十冊，只有第一冊有詩人的眉批。

7　André Maurois，《歐蘭匹歐或維克多·雨果的一生》，巴黎，Hachette 出版社，1954。這本書很像是別人借他的，因為有 Mina Curtiss 手寫：獻給「Pierre」。

8　Louis Barthou，《詩人之愛》，Georges Robert 的銅板畫插圖，Bibliophiles franco-suisses，1933，由 Henri Blonde 印刷的第十三本，獻詞如下：「贈亞歷克西·勒傑，其參與合作對我是如此的珍貴，忠誠友誼的親切見證，Louis Barthou，1934年6月12日」。

9　Gabriel Bounoure，《方格子遊戲，詩的評論》，巴黎，Plon，collection " Cheminements "，1958。整本書都有被大量地評注。

10　Henri Prisot，*Les poètes hallucinés, anthologie de la poésie fantastique*，巴黎，Flammarion，collection " l'âge d'or "，1966. 這本書有其作者的親筆提贈「給聖瓊佩斯，他的仰慕者」，此書有批注。

11　*Poems from France,* selected by Willam Jay Smith，Drawings by Roger Duvoisin，Thomas Y Company，紐約，1967，這本書有評注。

沒有看到任何一部流亡前的主要詩作，沒有戲劇，沒有政治性文章，沒有《歷代傳奇》，沒有《撒旦的末日》，也沒有《巴黎聖母院》。我們當然不能把聖瓊・佩斯對雨果的認知限定在今日還可以在其圖書室找到的書籍。我們可輕易地想到在世紀初，經傳統人文學科薰陶的年輕詩人，是認識「他的雨果」的：我們還得思考到詩人在年輕學生時所受的教育，在各個學術機構所借過的書籍，他有參加過的雨果戲劇的表，還有那些遺失的書籍。一封在晚年寄給女詩人Mina Curtiss的信（1951年1月10日）可證明詩人雨果卓越的認知，然他回覆其通信者的方法本身卻又揭示了，信中提及的瓜特羅普「同胞」對他而言是更值得注意，此人為拿破崙三世的監囚，他的日記啓發了雨果《死囚末日記》的寫作：

　　很抱歉沒能稍早回覆您的問題：《布格－雅加爾》及《死囚末日記》的確出自雨果之手。這本書的靈感幾乎完全來自一個名為Armand Barbes的囚犯的日記，他是我的瓜特羅普同胞，我總是覺得他的精神比在法國革命性的共和主義歷史裡的布蘭基（Blanqui）還來得感人。1848年的人民代表，1849年進監獄，到最後一刻才被赦免於死刑，他寧在牢裡待五年也不願接受由拿破崙三世寬恕給他的個人自由。/.../[12]

　　然而在詩人的圖書及檔案的空白裡，我們感到相形之下對雨果的冷漠，或者是懷疑。這可一點都不像我們可以在保羅・克勞

岱身上觀察到的現象，他先前於1925年所寫的《對法國詩句的省思及建議》[13]中，便為雨果而岔題[14]（而這本身是很具批判性），他也於1935年五月在布魯塞爾以一份極度讚揚的演說向雨果致敬。而從五〇年代開始，他對詩人雨果便持諸多保留，「對他的崇拜不斷地減少」[15]。聖瓊·佩斯和保羅·克勞岱不算是同一代的人：克勞岱年輕時於1885年曾參加雨果入葬先賢祠的典禮[16]；然兩年後出生的佩斯，是在象徵主義的延伸，及現代性的開端中培養出來的。1911年，當時二十四歲的他第一次接觸紀德，這次相遇證明他對詩的選擇和主張已是非常堅定及成熟，（而且浪漫之義保持距離，而不岔如何解釋，這個思潮已經影響

12 聖瓊·佩斯，〈給Henry Tomlinson Curtiss夫人的信〉，華盛頓，1951年1月10日，《作品全集》，頁1044。我們在另一封信寫同一個收信人（顯然是為Pléiade出版社而寫的），信裡暗指到雨果：「對這個就住在我裡面的心海，要怎麼做？像是對待『口才』，掐他的脖子；或是像對待『命運』，向他讓步？」（〈1958年9月9日的信〉，《作品全集》，頁1058）

13 請看保羅克勞岱，《對法國詩句的省思及建議》，由Jaques Petit及Charles Galpérine所建立及注釋的版本，Bibliothèque de la Pléiade，巴黎，Gallimard出版社，1965年，頁19-27。

14 在對法國詩句的省思及建議裡：「沒有雨果的宗教不是宗教，這東西就好像沒有酒精的酒，沒有咖啡因的咖啡，菊芋是馬鈴薯可憐的親戚。……法國人永遠都會較喜歡正當勇敢的否認，勝於那些平庸乏味的模仿。」保羅·克勞岱，《散文作品》，文章由Jaques Petit及Charles Galpérine編輯及注釋，Bibliothèque de la Pléiade，巴黎，Gallimard出版社，1965年，頁24。

15 出處同上，〈Le cor d'Hernani〉，1952年9月30日，頁479。

16 出處同上，頁471-472。

065

了他在詩作的想法及寫法）：

　　我們的對話接下來轉向浪漫主義。他〔紀德〕跟我都認為其實可以在法國浪漫主義作者的不擅經營與浪漫主義本身（起源及整體）做一個區分。浪漫主義本質為解放自由的活動，讓法國在一個極度理性化的世紀後，終於敞開大門，雙重接受自然（英國的浪漫主義）及下意識最初的推動（德國的浪漫主義）。大體而言雨果是天生詩人，也就是說無論如何可走向下意識的祕密泉源，但他卻因追求外在的成就及在對通俗廣大事業的大量妥協下，盲目地迷失了，而法國的浪漫主義也跟著他迷失在拘泥文字裡，也因此在盲目中犧牲詩的神祕性。[17]

　　接下來的對話也很有趣：聖瓊‧佩斯再回到1911年的談話，解釋他為何會注重韓波、羅特阿蒙（Lautréamont）及象徵主義者，而不利於這個他不久前才詆毀的雨果：

　　紀德對這些一點也不否認，也不否認理性主義對藝術的損害。我們已經談過韓波、羅特阿蒙的介入；也談到這些象徵主義運動的探索，及其對所有相伴或跟隨它的潮流的影響。我跟他表示急需一個新的策動，文學的革命得從更高的層面重新著手，才能良好推行潛意識在所有作品的絕對合法地位。[18]

　　我們因此而驚訝嗎？年輕的詩人在他寫作生涯的開端就自認
爲是法國詩現代化的實質引導者，如波特萊爾、韓波、馬拉梅，
甚至是愛倫坡（Edgar Poe）的讀者；而非雨果的歌頌者。這也
是他圖書室所證實的[19]，裡面有兩個版本的《馬爾多羅之歌》
（*Chants de Maldoror*，羅特阿蒙的代表作）、韓波作品的十幾個
版本、波特萊爾的五部作品、馬拉梅的五部，及八部愛倫坡的作
品。

　　更仔細檢查聖瓊‧佩斯圖書室所藏的雨果著作，我們似乎可
以從其中將《遠征》的詩人（即聖瓊‧佩斯）對於偉大的浪漫主
義作家雨果的閱讀期分爲二至三個階段。第一個時期約在1905
年，第二期則在五○年左右，且意味著對雨果的重新注意，一直
到六○年代末。

　　我們很難定出亞歷克西‧勒傑閱讀《悲慘世界》的日期，由
於在他所持有的這個1862年初版的書裡對此沒有任何指示。相
反的，在他的《沉思集》裡，我們可以輕易看出，上下兩冊的襯
頁及標題頁皆有如下字跡：「亞歷克西‧勒傑，1905年於波城」

---

17 聖瓊‧佩斯，《作品全集》，頁480。
18 出處同上，頁480。
19 關於此主題請見Carol Rigolot，"Les éloges paradoxaux d'*Eloges*" in *Saint-John Perse,
　 Les années de formation*, textes réunis par Jack Corzani, L'Harmattan, 1996, en particulier
　 les pages 115 à 122.

067

（Alexis Leger, Pau-05）。我們便可以把閱讀時期，定在他於文學、自身學業及大學的學習範圍裡。當時十八歲的年輕勒傑，在波爾多大學就讀，其專業為法律，「他同時也自由來去於文學院（Rodier 所授的亞歷山大哲學家的課程），理工學院（地質學和礦物學）及醫學院（神經學〔……〕）間」；他用希臘原文讀恩培多克爾（Enpédocle），翻譯品達（Pindare）的勝利頌，是 Gabriel Frizeau 沙龍的常客，認識了法蘭西斯·賈穆（Francis Jammes）及保羅·克勞岱[20]。在這個智力強烈激盪的時期，年輕的詩人只寫了當時尚未出版的《庫魯梭（魯賓遜）的影像》（*Images à Crusoé*, 1904），他就像是得到了知識饑渴症，閱讀某些浪漫主義時代的大詩人[21]，及十九世紀末的詩人，或者還有一些詩歌——保羅·克勞岱的《五部大讚歌》的第二部。他也於 1904 年很仔細地看了波特萊爾的《惡之華》，並且做了很多筆記，在 1905 年則有維尼（Alfred de Vigny）的《完整的詩》和雨果的《靜觀》，1906 年讀了拉馬丁的《第一批詩的冥想》（*Les premières Méditations poétiques*）（他已在 1899 年看了《詩及宗教的和諧》），同一年也看了愛倫坡的《詩與散文》（*Peoms and Essays*，1884 年 Tauchnitz 出版社），約在同一時間也看了《馬爾多羅之歌》。

年輕的亞歷克西·勒傑評注《沉思集》的方法也很耐人尋味。他已有一套讀書的小記號，對於他有注意到並喜歡的句子，他就在下畫線，或在行旁的空白處畫一個小圈圈，他不同意的用

語則在旁畫一個≠負面記號，他有所譴責的字會在行的上方打V號。在檢查這些閱讀記號時，我們似乎感覺到，這已是一個詩人，一個節奏和音效的創造者，在讀雨果的詩句時，也在腦海裡響映著節奏及音律的線條，總是在注意文字意義前先專心於音效及韻律（別忘了當時他正在研究品達的格律）。因此，在《沉思集》第三冊的第八首，他批評雨果的傳統格律（在他的眼裡）的荒謬，他計算在以下這半句詩裡不發音 e 的數量："tu te trompes, oiseau"（你弄錯了，小鳥），把他眼裡錯誤的音節圈起來（"-pes/oi"），並在邊緣打上≠的記號。而其他特別是在散文文章的評注裡，相反的，其記號顯示句子的節奏自然多了。所以相較之下，在雨果書本裡的閱批就揭露了這位新手詩人對於詩句靈活化的欲望，而拒絕嚴苛到可笑地步的格律，也揭露了這位相當被現代性吸引的詩人讀者的期望；而他也是較親近於韓波的散文詩，羅特阿蒙強烈對比的節奏，及克勞岱詩句，因此在其眼裡，雨果無疑是個古典主義者。

　　隨著這本被批閱的詩集，我們還可看到一些顯示著其他拒絕的符號，這有時並不是可以很確定地去詮釋。但我們還是可以試

---

20 聖瓊‧佩斯，《作品全集》，生平記事，頁 XII 及 XIII。

21 在他的圖書室中沒有任何繆塞的作品，我們知道佩斯不喜歡繆塞〈給瑪莉布蘭（西班牙女高音）的詩〉(Stances à la Malibran)：「在時間的車道上，我們的詩詞是輕佻的！／別想我會去參加，瑪莉布蘭的告別盛會。」(《風》，I，5，出處同上，頁188)

著推論，詩人並不太欣賞《沉思集》作了某些意象的過度張揚，以及預知幻象或詞溢於意的這一面，及對宇宙星體的誇張運用傾向。所以，評注時總是用同一個記號≠，他不接受〈在夜裡的哭泣〉中：「不知名的蛇舔著星星／且親吻死亡！」這種對死後生命的神話性表達；或在開啟詩集第六冊的詩〈橋〉，他無法認同這個幽靈提議經由祈禱建立一個通往上帝的橋的神怪意像：「這個幽靈的形狀是一滴眼淚；／這是處子的前額加上兒童的手」。對一個已享有聲譽的詩人毫不留情，他追捕他覺得無疑是太容易的句子（「我喜歡這有狂野巨風奔跑的水浪」，第二冊，第四首），及那些有矯揉做作之嫌的句子：「五月，躺在綠色山洞深處的青苔上，／讓戀人們有溫柔的眼睛」（第三冊，第22首詩）及白蝴蝶說：「這些石頭做了什麼？」／而花朵說：「唉！」）（第六冊，〈夜裡的哭泣〉）。他也表現出對於雨果特有的浮華風格，及運用長形容詞及強烈意義長處的不以為然（我們知道，相反的，聖瓊・佩斯在他的作品裡偏愛較短且通常也是較普遍的形容詞），他就不欣賞在〈市集的臨時屋〉裡的如下句子：「在布滿星星的夜空下畜牲吼叫著，／做夢的他的野蠻又熟悉的腳步／搖晃著巨大洞穴的支柱」（第三冊，第一十九首），接下來他又指責雨果如下的造句：「永恆橡樹陰暗的顫抖」（第三冊，第二十一首）。他特別譴責雨果在鳥類方面的表達方式，如「一隻溫柔的有著白腹的黑雨燕」（第三冊，第八首），或是昆蟲方面，如「就像在晚上，我們聽到，蟬的抱怨」（第三冊，第十二首詩〈解

釋〉。在聖瓊・佩斯的世界裡，雨燕毫不溫柔地喊叫於〈給外國
女子的詩〉中，此外詩人似乎無法同意在解剖學細節上黑雨燕腹
部是否為白色[22]；至於蟬，在對聖瓊・佩斯的作品做了快速的詞
彙學及語義學調查後，我們發現在他個人的想像世界裡，蟬並不
是在抱怨，而是死亡、傳染病及不育的象徵[23]。相反的，在〈沙
丘上的話〉（第五冊，第十三首詩）裡，佩斯樂意至極地在〈沙
上藍刺菊（chardon）的開放〉這個表達最後景象的句子下畫
線，及在〈給Jules J.〉裡，「飛翔在自己領域上海鷹」這句子下
畫線。

因為在其他時候，亞歷克斯・勒傑表示對雨果的詩藝的某些
方面感興趣。他在雨果有投射其個人擔憂及疑問的文章中便展現
出相當積極的態度，我們甚至可以在其圈點評注間看出在1905
年左右年輕詩人的思想狀態的輪廓。這本詩集上的眉批顯示聖
瓊・佩斯似乎逐漸地「進入」對靜觀的閱讀：要等到第一冊第二
十七首才出現第一個評注。而評注的數目也隨著閱讀的進度增

---

22 在我們所查閱的鳥類學書籍中，黑雨燕的羽毛應可以是黑白摻雜，而非一定是白腹。
23 請見〈給外國女子的詩〉：「年輕首都充滿樹木的夏天被蟬侵犯成災...」及「城市還
在河裡傾倒夏天過後所收成的死蟬」（《作品全集》，頁167及171）；在《岸標》裡，
「你要過死亡的生活及聽它那蟬的呼喊。」出處同上，頁337；還有1958年9月9日寫
給 Mrs. Henry Tomlinson Curtiss 的信上：「像烤架的土地，佈滿了蟬的脫皮及白色貝
殼。」出處同上，頁1059。

加，到了較陰暗的第二部，評注變得很密集，特別是在下列的詩裡（我們並沒有完全列舉）：〈森林裡的兩個騎士在想什麼〉（第四冊，第十二首），〈在維勒奇葉城（Villequier）〉（第四冊，第十五首），〈死亡〉（第四冊，第十六首），〈寫在1846年〉（第五冊，第三首），〈夜裡的哭泣〉（第五冊，第六首），〈克萊兒〉（第六冊，第八首），〈夜晚於窗邊〉（第六冊，第九首），〈恐懼〉（第六冊，第十六首），及影子的嘴所說的（第六冊，第二十六首）。在這些評注中似乎可看出當時在閱讀的年輕人有悲觀的徵兆，我們稍後會再來探討這一點，對這些評注的整體審查可以讓某些觀點很明顯的再浮現出來。

首先，《沉思集》的閱讀可以看出這個年輕人是多麼的敏感，而他自己的作品《庫魯梭（即魯賓遜）的影像》也說明在那幾年他是多麼地感到被殘忍地流放，遠離家鄉的島。更廣泛來說，我們感到這個讀者正在尋找自己的個人詩意格調，也因此把自己的記號登寫在雨果的文章裡。這個年輕人在他評注中給予影像的很大的位子：關於新古典手法的具體影像，或相反的，已由馬拉梅發聲較具聯想性的影像，總之特別會令人想起安地列斯群島的影像。他在詩集中所注記的第一批句子，有一句是在「行進間休息」中，於一串雨果所列舉文學及思想的偉大人物後（這也是他自己在《遠征》或《流亡》中喜歡的做法，這些人物也被供奉在佩斯世界的賢人祠裡）被畫線的句子，旁邊再加上一個圓圈，引進了很屬於佩斯的題材——棕櫚葉，在詩人安地列斯系列

常出現的題材，特別是在〈為慶祝童年〉裡。他的評注表現出他在閱讀後想要去發掘的情感，如當他讀到但丁、蘇格拉底、齊比奧（Scipion）、米爾頓（Milton）、托馬斯‧莫爾（Thomas More）這些人名，及一些意像如「埃斯庫羅斯（Eschyle），手上有微顫的棕櫚葉」（第一冊，第二十九首）：代表榮譽的棕櫚葉是希臘悲劇的形體，也是古代文化及文藝復興時期所傳承下來的形體；「微顫的棕櫚葉」所塑造的景像，融入這個詩人讀者的想像世界及他對出生島嶼的棕櫚的記憶，也在其心裡勾勒出不久後將成為他作品頌歌的詩詞風格；他也在雨果的作品注意到可喚起感官知覺的彩色影像（「莫斯科用一捆捆香味四溢的秣草來填滿草原」，第三冊，第二首詩〈憂鬱〉），以及會在讀者眼下展開寬廣視野的明亮景像，還有如在〈翁法爾（Omphale）的織輪車〉詩中，會讓人想起隱約的東方意象，在〈信〉這首詩中，他注意到這個海的景像：

> 我看到寬廣海上，美妙的經過，
> 平靜村莊的山牆之外，
> 幾艘長程旅遊的飛行船艦[24]（第二冊，第六首）

---

24 亞歷克西‧勒傑在他的書中只有在最後兩句畫線。

或還有在另一首詩的句子，「海鳥的飛翔，與海的泡沫連成一片」(第五冊，第二十首詩〈伽里果島 (Cérigo)〉)。此外，還有具塑形效果(「眼皮低垂在笛子上的牧人」)的影像，移動的、有時外形較不明確的影像，也很常被勾選到，且它們似乎更容易是由長度為一句詩的單一詞組所組成，如「抖動煙霧的脫離」(第一冊，第二十九首)，「日落時的銅版畫中森林組成的阿拉伯圖案」(第二冊，第八首)，或還有海洋的有聲意象，如「兩側被波浪沖洗的戰船的嘈雜聲」(第三冊，第二十一首)，或是下面這個令人訝異地類似佩斯筆下的意象，被江流「沖下來的冰塊在巨大白色碼頭撞擊著」(第三冊，第二首〈憂鬱〉)。當他評注一些非常綜合的影像，我們已可感到他對於全球廣泛性的詩詞世界的結構是敏感的，這些影像是由多樣普遍化元素所造成，所用的語詞拓寬了世界的尺度，也暗示了人類狂熱的活動，如他在第三冊第十一首詩所選取的句子：「覆蓋著煙氣及噪音的幾塊大陸」，或他在〈憂鬱〉詩中勾選的這句：「在街上來來去去的人群」，還有「在春季的一天所看見的東西」：

是的，灌木叢中充滿了紅喉雀，
沈重的鐵鎚響在煉爐的閃光中，
/.../
一切都活著；商人數著大把鈔票。（第三冊，第十七首）

在〈夜晚於窗邊〉（第六冊，第九首），這首被大量評注畫線的詩中，他似乎對下面這些方面特別有感覺：意象的豐富、依星座景像建立在天空上教堂的比喻（「在這個有宏偉門廊的教堂裡」）、樹的詩意──經由碩大的形像，拉近地和天。我們甚至可聯想到，詩人從這裡補充他的想像力，記住學習到的東西，以便之後對於1907年構想的〈為慶祝童年〉的寫作，也就是在閱讀《沉思集》後沒多久的時間。所有雨果在〈夜晚於窗邊〉的疑問在第三段末導出這個被亞歷克西‧勒傑畫線的幻想意象：

神奇的樹交錯、伸展、轉變，

它陰暗的枝椏，

且摻雜在深深的天空，像巨大的麥綑。

這個意像與〈為慶祝童年〉的意象相呼應：

⋯⋯大地

於是希望更加聽不見，而更深的天，有太大的樹，

厭倦了陰暗的命運，連結著交纏不清的合約⋯

⋯⋯

而那高高的

彎曲的根慶祝著

飛越神奇通道，拱門與殿堂的發明……25

　　對我們而言，列出已可看出詩人喜好的一些題材是有相當意義的，如對於邊界、極端且陡峭地點的景像，還有對門檻的景像，這些之後將是詩人從《頌歌》開始，也在《遠征》及《岸標》中，會重新詮譯的題材。所以他會偏愛地畫選「海角」、「岬角」或「門檻」這些詞組：

　　「不再有處女暈眩在洞穴的門檻」
　　「你的海角，有神奇廟宇的光明照耀」（第五冊，第二十首詩）
　　「在岬角上戴著雲的帽子的牧人」（第五冊，第二十三首詩）
　　「影子浸洗著晦暗岬角的側面」（第五冊，第二十四首詩）

　　另一個吸引他注意的是經由動詞「居住」所構成的表達方式：「我曾住在那些佛來米（Flamant）山牆的中間」，他在〈給 Jules J.〉（第五冊，第八首詩）中的勾出的句子，及在〈給留在法國的那人〉的下兩句詩：「從四歲開始，我住在泡沫的漩渦裡；／這本書把它濺出來。」（第六冊）。對這個家族在安地列斯群島有二個「住所」的小孩，此表達方式有著如此強烈共鳴，而之前我們有提到，在同一時期他也讀《五部大讚歌》的第二部（「我住在古老帝國的主要廢墟」），或還有更晚所讀色伽蘭

（Segalen）的《石碑》中〈墓誌銘〉（「我住在死亡裡，且在此自得其樂」），這些閱讀都讓這個表達方式在他的精神裡更加豐富。之後再於他內心詩詞的想像熔爐裡千錘百鍊，而在〈頌歌〉裡裏寫出：「我真的住在一個神明的喉嚨裡」，在《遠征》裏寫出：「我們將不會永遠住在這黃色的土地，我們的快樂……」（第七首），及在《流亡》中很有名的：「我將住在我的名」（第六首），還有在《岸漂》裏：「我將住在禁忌的房間且在那兒漫步……」（〈合唱－2〉）。

然而在《沉思集》的閱讀裡也揭露了年輕詩人的其他擔憂，他在1905年開始有精神及心情的低潮期，且在他父親的死亡後一直延續到約1909及1910年間。我們之前提及他在1905年6月與克勞岱的相遇。當時克勞岱希望能改造這個在法蘭西斯‧賈穆監護下的年輕人，但卻也只能宣告失敗。對《沉思集》評注的研讀，讓我們聯想到，在其背後裡有著這個年輕人個人的詢問及對內在尚未釐清的探索：這些難題就散布在他所勾選句子的縫隙裏，也顯示出年輕詩人憂慮的精神狀態。雨果有關於死亡的詩句便被他系統性地評注，如〈死亡〉，〈克萊兒〉，〈夜裡的哭泣〉，〈憂鬱〉，或像〈在維勒奇葉城〉中他便評注了那些最悲觀的句子。他也因此在整個詩集裡畫選歌頌死亡的句子：「──別

---

25 聖瓊‧佩斯，《作品全集》，頁23。

害怕死亡，這塊土地是什麼？……真正的生活在不再有肉體的地方。」（第五冊，第二十六首，〈不幸的人〉），還有：「因為死亡，當一個星體在它的懷裡誕生，／會在另一方繼續，綻放」（第六冊，第八首）。至於對人類及其行為能力的強烈懷疑表達方式也有被標記，如「我們所做的是如此少；而我們所的有是微不足道」，還有那些提到對人類起源及轉變的基本不確定性的表達方式[26]，如「我們知道我們世界在它的神祕裡到什麼地步？」、「我們知道所有這些在天上奔跑的／行星在做什麼嗎？」、「所以有誰看過源頭知道起點？」他也注意到較樂觀的句子，內容為對上帝的呼喚，如在第三冊的〈給那些樹〉：「我覺得有一個很大的人在聽著我且愛著我！」（第十六首），或者是刻意搜索枯腸，意外獲致的詩句，如〈寫在1846年〉中，便有一句很美的句子（之後被朱立安‧格林（Julien Green）採用成他一本小說的名字）：「每個人在他的夜裡前往他的光芒」。

亞歷克西‧勒傑得到並閱讀《南方雜誌》[27]的特刊，其有Henri Guillemin所刊維克多‧雨果片斷的且從未發表的作品。當時他已完成一部分作品，選擇了自己的語調，塑造了寫作風格，此風格與浪漫主義的主觀性遙遙相對，而是較客觀的多重語氣走向。這次他的評注明白揭露的較少是他的定位選擇，而較多是肯定了他個人的詩風。這次雨果被批注的詞句中，特別是「複數」的表達方式，就像是直接出自《遠征》，而已確定自己作風的詩人，也克服了個人的各樣危機，就只在雨果文章中注意到，可以

來確認自己詩風的部分，如這個充滿幽默的單行詩：「動物與國王，這些晦暗的夢遊者」（第204頁），及這些詞組：「刻在一些鐵片上的吉祥物」（194頁），「這大批蒼白的景像」，或這三個拾集而來的句子：

「穿過陣陣微風的音節」（191頁）
「四匹青銅馬，在城門上方，
並排行走，被有翅膀的形體駕馭」（201頁）

最後這兩句詩令人特別地想起，《遠征》裡第四首歌的節奏起伏：「四隻停滯不前的頭，在握拳上的指節形成藍天上活躍的傘狀花」。

在1965年3月，聖瓊·佩斯再次尋求與雨果的師承關係，這次是有明確的目的：受邀為托斯卡納出生的詩人但丁七百冥誕演講[28]，他首要之急便是找出同樣於上一回的百年冥誕（1865）受邀的維克多·雨果，當時所完成的文章。這兩個詩人間的相互對

---

26 在此方面很像高更在Gabriel Frizeau沙龍倍受欣賞的畫的標題——〈雌歌〉，這也是詩人第一批詩中其中一首的標題。

27 《南方雜誌》，第300期，三十七週年，1950。

28 這是與Mina Curtiss有關的Ziegel夫人向亞歷克西·勒傑提出的，當時他人住在華盛頓，1965年三月三日。

照，一點也沒有讓佩斯感到不悅，當時他已不完全是流亡身分，生活在巴黎圈子外，雖然於1960年得到諾貝爾獎，在祖國同胞中卻只有一小點名氣，在家鄉無先知，所以不可否認的，能被全世界公認為二十世紀雨果的這個想法，讓他很滿意，也吸引著他。他在Pléiade出版的書中便強調這個與雨果的相同性，在附註中指出：「在上一個百週年冥誕，維克多‧雨果受邀來開幕致詞：由於不能離開被流放的地方，他只能從澤西島請人於開幕典禮時代為宣詞」[29]。在強調兩個流亡者的關係的同時又附帶指出他本人來參加活動時是「用個人名義，現代詩人的身分，及以廣義的詩及全部國際整體為名……，獨立於所有國家及特別代表團」[30]。

然而還是在同樣的事情，當他撰寫伴隨他於Gallimard出版社出的〈於佛羅倫斯的演講〉的「背景說明稿」時，他刻意地區別他跟雨果不同的想法：「維克多‧雨果在1865年回應了義大利對但丁六百歲冥誕開幕的邀請。在同樣的這個日子，當時流亡的法國詩人著重在佛羅倫斯偉大流亡者於其作品裡已預示的義大利政治的一致性；一個世紀後，聖瓊‧佩斯特別注重的是但丁精神的一致性，主導了他所有作品、思想及藝術」。聖瓊‧佩斯所建立的區別可說是暗藏的反對，且對我們而言在諸多理由下是有相當意義的。他的言談，用很隱密及迂迴的手法，令人想起他早在五十年前對紀德所做的批判：雨果對政治的投入使浪漫主義誤入歧途，就算這是屬於歷史層面，詩的神祕性也不應被個人對當

時性的成功追求所犧牲。拒絕在詩的創作裡有歷史性的想法，聖瓊‧佩斯便間接地在這個注釋中表達他不同於雨果關於詩及詩人的觀念：對個人歷史也是一樣的保持距離，因爲它在詩裡並無地位。作品對他而言就像是經由抽象化的作用，位於一個絕對的層面，而反映了精神的探索。雨果認爲但丁代表一個國家的命運，（而把前者給佛羅倫斯行政首長的整封信集中在這一點的）聖瓊‧佩斯認爲雨果於詩的現象裡給予政治及時代性較優先的地位。而特別重視「但丁精神的一致性，主導了他所有作品」，聖瓊‧佩斯把優先權給予詩本身，讓詩人成爲「人性的擔保者」，把他定位在「最接近存在的起源」。我們可將雨果給行政首長的信及聖瓊‧佩斯在佛羅倫斯的演講來做對比：「義大利……化身爲但丁‧阿利耶里，如他一樣，它是勇敢的，沉思的，高貴的，寬大的，適合戰鬥，適合思想……。在某個時刻，此人曾是這個國家的良知；在歌頌這個人時，國家也證實了它的良知。」雨果是如此寫；而聖瓊‧佩斯對此回應：「因爲主角（但丁）精神的歷程首先是詩人的歷程，偉大的托斯卡納人其人生著作保持對生命本身的忠誠；在人生上探討絕對，也沒有拋棄眞實世界，並保留在具體事物、在人類，一直到在日常生活裡的根源，在著作

---

29 聖瓊‧佩斯，《作品全集》，頁1138。

30 聖瓊‧佩斯，《作品全集》，頁1138。詩人還又加上：「他沒有參予的國家代表圈 /.../。」

上，避開了抽象作用中最壞的缺點。……詩，存在的科學！因為所有的詩學都是本體論。」[31]

　　因此，聖瓊·佩斯在經過幾乎一生的閱讀後，答覆了雨果並確定什麼是把他跟他的前輩區別得最清楚。若他很樂意地接受把這兩人接近且讓他們各自在不同世紀顯得獨特的元素，那他也用些不同的方式，揭示了對雨果作品較節制的喜愛，或有時甚至是存疑。他 1905 年對其圖書館所藏唯一的一本雨果的詩作《沉思集》的閱讀，向我們顯示了一個具成熟個人風格的詩人；他拒絕雨果作品在其眼中仍是古典主義美學的元素，也不信任對他而言無疑是太做作的想像世界及象徵體系。而且在這個研讀裡吸引他的是雨果在精神層面的疑惑探索，這也是當時讓處於個人低潮期的年輕佩斯感動的。1925 年克勞岱在其無可救藥的傳教熱忱中如此寫：「沒人曾在這個因上帝的缺席所造成的陰影中得到許多東西。」對我們而言，衡量有關真誠性，意識清晰的這一部分是很恰當的，但也要考慮到會影響聖瓊·佩斯看待雨果立場的不公正性的這一部分。然而用某一種方法或另一種形式，聖瓊·佩斯在好幾回都提出同樣的指責，就是雨果太向「拘泥文字」、藝術中具象、戲劇性誇張形式妥協了，而損失了在較深層面的啟發及神聖的功能。

---

31 聖瓊·佩斯，《作品全集》，頁451和453。

LA CONSCIENCE DEVANT UNE MAUVAISE ACTION.

雨果〈面對壞事的良心〉，1866

思想家雨果

■ 敬答巴特勒書

雨果　撰／王魯　譯

　　編按：1860年發生英法聯軍侵華戰爭及火燒圓明園事件。隔年一名英國上尉巴特勒（Capitain Bulter）特地致函流亡至英屬澤西島的雨果，興奮地詢問他對英法聯軍遠征中國的感想。雨果極為憤慨地回他此信。他站在人類文明的角度譴責聯軍毀滅東方文化的罪惡行徑。事實上，多才多藝的雨果，一向十分景崇中國文化；他喜中國水墨書法，自己還創作了一組「中國題材畫」。這些作品一直都陳列在巴黎的雨果紀念館內三樓的「中國客廳」(Salon chinois)。此外，雨果還有一個中文名字「夷克裰詡拗」，是作家朋友戈蒂埃（T. Gautier）的女兒送給他的。而且，他還寫了一首〈中國花瓶〉讚美詩，副題是：「贈給中國小姑娘易杭彩（Y-Hang-Tsei）」（1851/12/01）…。

王魯

原籍山東，僑居法國半生；從事翻譯工作，譯有小說《圍城》等法文版。擅書法、喜繪畫，現為法國國際廣播電台記者。

巴特勒先生足下：

　　近承以東征之事荷勞下問，辛甚辛甚。足下以王師東征，赫
赫其功，因料僕之所見或云略同，故有此問也。足下又以是役既
出乎英后與法帝欽命，則其勝利榮典，自當兩國所共享。是則
足下之所有望於區區者，殆非飾虛詞以頌功德耶歟？然則事或有
大謬而不然者，請嘗試爲足下言之。

　　僕聞之在天涯有一奇境，曰圓明園，蓋即吾西人所稱之夏宮
者也。僕又聞之藝文本源厥有二端：曰理念、曰玄想。蓋理念
者，西方藝術之所本也；玄想者，東土藝術之所由出也。故圓明
園者，玄想藝術之大觀也；巴德農者，理念藝術之巨擘也。斯二
者同屬集人世間玄邈豐美靈思巧構之大成者也，且夫夏宮之有別
於巴德農者，又固非僅以希罕而名於世者而已矣。僕以爲倘玄想
藝事果有所謂典範者，則此圓明園者，眞乃由幻夢化爲實境至高
無上之典範也。夏宮之洵美且都宛若月中姮娥之所居，夫以玉、
以石、以銅、以瓷爲料，鳩集大匠化夢爲眞，又以雪松爲棟，覆
以美玉，飾以錦繡，於是崇樓廣宇高閣明堂鎏金既敷神鬼來饗，
彼中土能工巧匠，經之營之，劈山造園，鑿池引漿，於是甘泉曲
水漱玉飛珠，又復蒐羅天下珍異鳥獸蟲魚之類，芳草奇樹之屬，
凡人力之能及者，靡不燦然備矣。夫圓明勝境歷數代之經營，普
天之下詞人文士鮮有不知夏宮之美者，吾國大哲福祿泰爾亦盛稱

之矣。蓋圓明園之於中國，亦猶巴德農之於希臘，金字塔之於埃及，鬥獸場之於羅馬，聖母院之於巴黎，遂令舉世之人雖不能至而心嚮往之矣。彼夏宮者盡善矣，亦盡美矣，寰宇之內曠世偉構，遂令使吾西方之士引領翹企遙想中土風物，教化之堂皇，而不禁低心迴首，歌之，詠之，贊歎，再四者也。

然則此一絕世勝境今已蕩然不可復睹矣。

一日有二盜自海上至，荷戟操戈，劫財焚屋，希世瑰寶遂盡化爲塵土，林園生靈歷萬劫而不復，鳥虖痛矣。僕以爲在昔英人愛爾金勳爵劫掠巴德農殿內神器古物已爲天下所嗤，不意昔日之橫加於巴德農者，今又復加諸圓明園矣。時地有異，事則無殊，況夏宮之受荼毒於二盜者，又遠甚於巴德農之被禍於愛爾金者乎。蓋二盜暴劫橫奪鉅細靡遺，至其所不能攜之而去者，乃悉數摧破之也。夫彼夏宮文物之美，典藏之富，雖罄吾法蘭西廟廊方物猶不足與之比肩也。矧茲宮內又非僅珠玉珍玩鐘鼎盤盂而已，更有庫藏金銀財寶無算，彼二盜乃悉數洗劫之，於是囊滿篋盈載欣奔攜手攘臂跳躑呼嘯而歸。

吾西人恆自詡爲文明而目中土之人爲野蠻矇之族類也。

嗟夫吾今乃見所謂文明之所施諸野蠻者竟如斯也。然則，斯

二盜者果何人哉？一曰英吉利，一曰法蘭西，二盜之禍於中土
者，至深且鉅，二盜之罪行，青史昭然，更無可逭。僕每思及
此，輒扼腕而痛恨之。今有　足下之問，遂得以暢述所懷，良可
感也。僕又以爲肉食者鄙，可以爲賊爲盜，而吾民則不然也，故
法帝廟堂斗筲之惡行概與法蘭西國民無涉也。至於東征之役所掠
財物，二盜朋分各據其半，帝國儈夫自矜其能，自炫其醜，以其
所劫於夏宮者，誇示於世，儼然雞鳴鼠竊，以賊贓驕人，恬然不
以爲恥。惟祈天佑法蘭西，早逐民賊，再造共和，滌蕩穢名，湔
雪奇恥，國政還於全民，圓明重實則掃數歸還中土。

然則時至今日，盜案未結，二賊猶在，僕甚恥之。

以足下欲知僕之所感於東征之役者，爰敢瀝布區區云耳。

雨果　頓首

一八六一年十一月廿五日　於澤西島之高城流寓

（西曆一九九八年十一月廿五日　譯成）

AU CAPITAINE BULTER

Hauteville-House, 25 novembre 1861

Vous me demandez mon avis, monsieur, sur l'expédition de Chine. Vous trouvez cette expédition honorable et belle, et vous êtes assez bon pour attacher quelque prix à mon sentiment; selon vous, l'expédition de Chine, faite sous le double pavillon de la reine Victoria et de l'empereur Napoléon, est une gloire à partager entre la France et l'Angleterre, et vous désirez savoir quelle est la quantité d'approbation que je crois pouvoir donner à cette victoire anglaise et française.

Puisque vous voulez connaître mon avis, le voici :

Il y avait, dans un coin du monde, une merveille du monde; cette merveille s'appelait le Palais d'été . L'art a deux principes, l'idée, qui produit l'art européen, et la Chimère, qui produit l'art oriental. Le Palais d'été était à l'art chimérique ce que le Parthénon est à l'art idéal. Tout ce que peut enfanter l'imagination d'un peuple presque extra-humain était là. Ce n'était pas, comme le Parthénon, une oeuvre rare et unique ; c'était une sort d'énorme modèle de la chimère, si la chimère peut avoir un modèle. Imaginez on ne sait quelle construction inexprimable, quelque chose comme un édifice lunaire, et vous aurez le Palais d'été. Bâtissez un songe avec du marbre , du jade , du bronze, de la porcelaine , charpentez-le en bois de cèdre, couvrez-le de pierreries, drapez-le de soie, faites-le ici sanctuaire, là harem, là citadelle, mettez-y des dieux, mettez-y des monstres, vernissez-le, émaillez-le, dorez-le, fardez-le, faites construire par des architectes qui soient des poëtes les mille et un rêves des mille et une nuits, ajoutez des jardins, des bassins, des jaillissements d'eau et d'écume, des cygnes, des ibis, des paons, supposez en un mot une sorte d'ébouissante caverne de la fantaisie humaine ayant une figure de temple et de palais, c'était là ce monument. Il avait fallu, pour le créer, le long travail de deux générations. Cet édifice, qui avait l'énormité d'une ville, avait été bâti par les sciècles, pour qui ? pour les peuples. Car ce que fait le temps appartient à l'homme. Les artistes, le poëtes, les philosophes, connaissaient le Palais d'été; Voltaire en parle. On disait: le Parthénon en Grèce, les Pyramides en Égypte, le Colisée à Rome, Notre-Dame à Paris, le Palais d'été en Orient. Si on ne le voyait pas, on le rêvait. C'était une sorte d'effrayant chef-d'oeuvre inconnu entrevu au loin dans on ne sait quel crépuscule comme une silhouette de la civilisation d'Asie sur l'horizon de la civilisation d'Europe.

Cette merveille a disparu.

Un jour, deux bandits sont entrés dans le Palais d'été. L'un a pillé, l'autre a incendié. La victoire peut être une voleuse, à ce qui'il paraît. Une dévastation en grand du Palais d'été s'est faite de compte à demi entre les deux vainqueurs. On voit mêlé à tout cela le nom d'Elgin, qui a la propriété fatale de rappeler le Parthénon. Ce qu'on avait fait au Parthénon, on l'a fait au Palais d'été, plus complétement et mieux, de manière à ne rien laisser. Tous les trésors de toute nos cathédrales réunies n'égaleraient pas ce formidable et splendide musée de l'orient. Il n'y avait pas seulement là des chefs-d'oeuvre d'art, il y avait un entassement d'orfèvreries. Grand exploit, bonne aubaine. L'un des deux vainqueurs a empli ses poches, ce que voyant, l'autre a empli ses coffres; et l'on est revenu en Europe, bras dessus, bras dessous, en rient. Telle est l'histoire des deux bandits.

Nous européens, nous sommes les civilisés, et pour nous les chinois sont les barbares. Voilà ce que la civilisation a fait a la barbarie.

Devant l'histoire, l'un des deux bandits s'appellera la Farnce, l'autre s'appellera l'Angletterre. Mais je proteste, et je vous remercie de m'en donner l'occasion ; les crimes de ceux qui mènent ne sont pas la faute de ceux qui sont menés ; les gouvernements sont quelquefois des bandits, les peuples jamais.

L'empire farnçaise a empoché la moitié de cette victoire, et il étale aujourd'hui, avec une sorte de naïvité de propriétaire, le splendidie bric-à-brac du Palais d'été. J'espère qu'un jour viendra où la France, délivrée et nettoyée, renverra ce butin à la Chine spoliée.

En attendant, il y a un vol et deux voleurs, je le constate.

Telle est, monsieur, la quantité d'approbation que je donne à l'expédition de Chine.

Victor Hugo

■雨果：

偉人大事

羅鍾皖

1885年5月22日13時27分惡耗傳出，「詩人雨果去世！」法國參議院眾議院同時立即休會哀悼，6月2日來自法國四面八方的一百二十萬民眾護送靈柩從凱旋門到賢人祠舉行國葬；當時報章雜誌整頁大幅連續報導了兩個星期雨果仙逝的新聞，一代大師轟轟烈烈地離開了人間。

2002年2月26日柏桑松市雨果出生地隆重舉行了文豪兩百年生辰紀念，法國整年各種形式的展覽會，詩歌朗誦，舊戲新演，教育部文化部聯合發動：幾所大學分頭進行各種雨果研究，中小學雨果是必修科目，今年更是重頭專題探討。演講會此呼彼應，大家感覺是雨果精神不死，文風常在。他當年熱望的歐洲

羅鍾皖

台灣大學外文系畢業，巴黎大學法語教師學院碩士學位及巴黎第七大學漢學博士。曾任法蘭西學院漢學圖書館館長，現任巴黎東方語文聯合大學圖書館亞洲分館負責人。曾獲法國教育部頒贈棕櫚學術騎士勳章。著有《李白研究》、《藏書家在印刷史上的貢獻》及法蘭西學院漢學研究圖書館館藏叢書目錄等。

聯盟，統一歐幣，兒童義務教育都已逐步成功實現，而他極力呼籲的廢除死刑，雖然在法國及整個歐洲都已如願執行，但世界其他地區仍有繼續努力的必要；同時窮人仍然存在，婦女問題也沒有完全解決，難怪在他出生地雨果故居柏桑松大道140號門前今年的刻字是「在此二十一世紀喚醒不要忘記法國最有名的作家之政治理想與奮鬥」真個是：「詩人去了，詩人不朽。」

現在讓我們回顧一下這位十九世紀生活了八十三年幾乎與世紀共存亡的文豪一生大事：

1802年雨果誕生在法國東部城市柏桑松，父親是拿破崙麾下的一名將軍，信奉共和思想，母親是保皇黨。父母感情破裂，聚少離多。雨果兄弟三人童年多半和母親生活在一起，所以年輕時期的雨果多受母親影響，自幼天賦文才，14歲時已在筆記本上寫下「如果做不成夏多布里昂，那就什麼也甭做！」夏多布里昂是《基督教真諦》的作者，當時的文壇巨擘。順筆一提的是自從1789年法國大革命後，很長一段時間貴族復辟勢力活躍，思想界宣揚「唯靈論」，歌頌基督教，鼓吹教權思想，從美學理論上為浪漫主義作了必要的鋪路工作。

17歲時因寫《頌亨利四世雕像的重建》在土魯斯「百花詩賽」中獲金百合獎。

---

1 1826年單行本出版。

18歲（1820）在自己和兩個哥哥創辦的《文學保守者》（1819-1821）雜誌上連載第一部小說《布格－雅加爾》¹寫的是聖多明尼加黑人反抗的故事。

19歲那年，母親過世，雨果悲痛欲絕。

1822年出版第一部詩集《頌歌與雜詩集》，這一年雨果二十歲，與青梅竹馬的阿黛爾富謝結婚，共生育五個兒女。

1824年在他二十二歲時寫的《頌歌新集》序言裡提出了「詩人的使命」說道，詩人應該走在群眾的先鋒，指引道路，發射光明；《心聲集》（1837）重申此責，到了《光影集》（1840）主題就是：詩人應當領導群眾。

1827年雨果出版了他第一個劇本《克倫威爾》及其序言，是雨果25歲重要作品，歷史劇本身並不成功，幾乎無法演出，但此篇序言被認作浪漫主義文學運動的宣言，甚至爲浪漫派文學的規範。在這篇序言裡，他反對古典主義的教條，提出取消「三一律」：時間與空間不能限制於一日一地，情節的一致還可以保留。至於文學體裁，悲劇與喜劇應該沒有高低貴賤之分，同時悲劇人物不應只限於王公將相，販夫走卒甚至強盜土匪都可以成爲主角。他更指出：「現代的詩神……感覺到在創作裡並非只有美的存在，醜就在美的旁邊，她要像大自然，兼含並包著黑暗與光明，滑稽與崇高，由而提出了文學創作的對照原則。」同時他又認爲生活中一切創作素材必要經過文學的魔棍才有生命，文學是按照作家主觀的念頭和他堅持的原則才能進行。至於戲劇的文

體，雨果選擇了詩作爲語言載體，而亞歷山大體在他的筆下有足夠的自由。於是這些文學的自由，滑稽怪誕的表揚，天才的創作等新思想使《《克倫威爾》·序》奠定了他法國十九世紀浪漫派文學領袖的地位。

1828年雨果父親中風逝世，雨果出版了《歌吟集》抒情詩的定本，在查理十世強權統治下，極受歡迎的歌吟集裡出現〈雙島讚〉與〈銅柱頌〉對復辟王朝的死敵拿破崙一世熱情謳歌，自由派青年一片讚揚，認爲是雨果脫離保王主義政治立場的標誌。事實上雨果在1848年7月王朝被推翻前並沒有改變過其政治立場，即使兩次劇本被禁演，雨果譴責政府言論不自由但在《暮歌集》（1835）第一首〈致年輕的法蘭西〉對七月王朝甚至查理十世都表達了相當的善意。兩次劇本被禁演的實況是：一次在復辟王朝時（1829年）《瑪麗蓉·德洛爾墨》因被批評爲諷刺王權，甚至影射當今皇上遭禁，逐即1830年7月王朝開始，1831年此劇開禁，得以在聖馬丁門劇院首次公演。有趣的是七月王朝在次年即1832年以同樣理由禁演雨果的《國王取樂》，實際上雨果爭取的是他的戲劇理論可以在舞台上發揮。

我們回到1829年，雨果出版《東方集》讚揚歌頌希臘反抗土耳其統治的革命戰爭，在一首詩名〈孩子〉中有這麼幾句：「土耳其人掃蕩過了：一片廢墟，滿目淒涼。……你要什麼呢？是珍禽，美果，還是鮮花？那藍眼睛的孩子，那希臘少年回答：『朋友，我要火藥，我要子彈。』」[2]同年雨果小說《死囚末日記》

問世。成書時間極快，按照雨果夫人的見證，三個星期[3]但他用了五年的時間，參觀監獄，察看囚犯生活實況甚至苦役犯們如何上鐐銬等細節也不放過。這是一本用第一人稱的死囚末日獨白，心理描繪使人毛骨悚然，評論一片嘩然，人們不懂作者用意何在。雨果在此書第三版序言裡以讀者對話方式從一位哲學家口中解釋「他嚴重地提出廢除死刑問題」事實上，從伏爾泰（1694－1778）以來，廢除死刑一直是哲學家們的願望。對雨果而言終其生「斷頭台」一直是他心頭抹不去的陰影。《冰島凶漢》（1823）已見端倪，《克洛德‧格》（1834）不僅包圍在廢除死刑的問題上，已開始歸咎社會。作者認為罪惡的起源在貧窮，唯有慈善與教育可以避免悲劇的重演。這個主題不但再見於《巴黎聖母院》（1831）卡希魔多也是一個「格」（gueux）（法文意思為「乞丐」）更成功地塑造了冉阿讓這《悲慘世界》（1861）的主角。

　　1830年在雨果戲劇世界裡是非常重要的一個年頭，《《克倫威爾》‧序》帶給雨果的成功並沒有機會讓他在舞台上展現，而法蘭西劇院一向是古典主義保守派的宮殿，就在1830年2月25日，《歐那尼》在法蘭西劇院首演，成百的奇裝異服青少年混處於正襟危坐的紳士中間。台上國王像小丑，土匪是英雄，亞歷山大體，法國嚴謹的十二音節詩被跨行的不成體統，噓聲四起。新派不甘示弱，吵鬧一團；第二天報紙評論惡劣，但不影響觀眾，《歐那尼》連演45場，獲得空前的成功。這就是有名的

「歐那尼之戰」。劇本成功的演出在雨果文學領域固然使他有完美之感。然而忠厚的雨果萬萬沒有料到就在他絞盡腦汁為浪漫文學拚命時，他的朋友也是他文社社員，著名文學評論家聖‧伯夫向雨果夫人獻殷勤而終與有染。雨果與夫人還是保持夫妻關係，一直到1868年夫人過世。雨果在1833年，三十二歲時結識茱麗葉特‧特魯埃，成了他除了夫人以外的終身伴侶。1845年聖‧伯夫申請為法蘭西學院院士，儀式由執行主席雨果主持，他排除私怨，對傷害他家庭幸福的候選人全力支持，助他當選。

　　1830－1845年是雨果文學上創作豐碩期，緊結著《歐那尼》戲劇的凱旋勝利，小說《巴黎聖母院》在1831年出版立即轟動世界，他驚人的想像力和震撼的語言運用征服了每一位讀者。巴黎聖母院這座聞名的教堂是雨果筆下中世紀的標誌，教堂內是所有尋求避難人的聖地，教堂外的廣場是集會約會的好場所；主角卡希魔多是文學史上的一個創見，《《克倫威爾》‧序》提出的滑稽怪誕與優雅高尚的對照在這裡找到了最好的例證，他也代表了真正的愛情，無所追求的付出。

　　在詩歌創作方面，這段時間發表了四個詩集：1831年出版《秋葉集》偏重家庭生活和內心感受的描述。在第一首〈這一世紀兩歲時〉是他童年和母親在一起的回憶，也透露了靈感的來源

2 《雨果詩選》，張秋紅譯，上海譯文出版社，1986，頁.91-92。
3 1863年《雨果夫人見證錄》。

「是那母愛……所有生命的氣息，所有希望的光芒，慈悲的或命運的，震撼了我清澈晶瑩的靈魂，我靈魂裡的千種聲音，包括上帝的，激發聲音的回響」。但也不缺對社會的關懷：〈為了窮人〉充分表現詩人對勞苦大眾的同情；〈朋友，最後一句話〉淋漓盡致地繪出了一幅活生生的人間地獄圖。《暮歌集》（1835）裡常帶淡淡的哀愁，不管寫的是自己感情問題或國家大事。這個詩集裡收錄了很多獻給茱麗葉特‧特魯埃的情詩，但〈請送些百合花〉卻是讚美妻子阿黛爾富謝。《心聲集》（1837）詩人聽到的聲音有人聲，自然界或周圍環境的聲音，我們看到它們回響的記錄。一幅幅充滿田園牧歌色彩的寫生，展示了詩人描繪大自然的天分。《光影集》（1840）是他流亡前最後一個詩集，高唱詩人的使命是帶領群眾脫離黑暗，走向光明。他為人們帶來愛的信息：救濟窮人，保護不幸者。

雨果的文學成就在1841年被選入為法蘭西學院院士。

1842年雨果出版了政治色彩濃厚的《萊因河》，萊因河本是一部極為出色的遊記，在結論裡他強調法國與德國的矛盾應該避免，萊因河可以促進兩國的團結。

1843年浪漫劇《城堡衛戍官》首次上演，觀眾一片噓聲，慘遭失敗。事實上，就連五年前《呂伊‧布拉斯》（1838）在文藝復興劇院上演，雖然有奧爾良公爵親自捧場，效果也差強人意。不過《呂伊‧布拉斯》在後來五十年內與《歐那尼》是兩齣最受歡迎的舞台劇，這種情況一直延續到二十世紀甚至二十一世

紀，尤其是《呂伊・布拉斯》，無論是電影改編或舞台劇，都極
受人們欣賞。記念雨果兩百年生辰，在法國劇院的演出時還是掌
聲不斷。只是站在文學史的觀點，1843年《城堡衛戍官》給法
國浪漫劇畫下了句點，雖然雨果後來繼續有劇本出版，但都跟舞
台絕緣。

1843年在雨果私生活中發生一大悲劇，他最心愛的大女兒
蕾歐波汀與她的丈夫在維勒基葉的塞納河上雙雙淹斃。對雨果而
言，這次意外事件對他的打擊僅次於他十九年的流亡。

1845年4月13日七月王朝授予雨果子爵以世卿稱號，雨果
正式成為貴族院議員，雨果原無貴族血統，自從二哥歐仁納去世
（1937），其西班牙貴族頭銜「雨果子爵」由雨果繼承。自從進入
貴族院，雨果經常發表各項演說，多本著他人道立場，常與其他
議員意見不合。

1848－1851年雨果政治立場完全改變，從原有保皇色彩的
右派貴族院院士到擁護共和制度的左派立法議會會員。

1848年，「二月革命」爆發，國王路易・菲力普被推翻，
雨果跑上街頭，勸說群眾擁立奧爾良公爵夫人埃萊娜王妃為攝政
王，2月25日巴黎群眾選擇了共和國，雨果保「七月王朝」落
空，詩人拉馬丁成了臨時政府主席，是為第二共和國。6月4日
制憲議會選舉，雨果高票當選，成為右翼溫和派代表。這段時間
裡他發表演說，反對國家工廠，反對死刑，反對戒嚴，呼籲新聞
自由；8月與兩個兒子創辦了《時事報》大力支持路易－拿破

崙，助他競選；12月10日路易－拿破崙當選爲法國共和國總統，雨果對他寄望甚厚，認爲他開明寬大。1849年制憲議會改名爲立法議會，雨果當選爲立法議會議長，宣言目前最重要的社會問題是解決貧困，提高勞動者的地位，設置社會互助……。8月主持巴黎召開的和平會議，歐洲各主要國家都有代表參加。1850年在議會反對法盧教育法，主張公共普及教育，漸漸地右派議員對雨果越來越不滿意，而左派議員越來越予以支持。1851年12月路易－拿破崙發動政變，想要廢除共和恢復帝制，雨果參加左派議員的會議，成立反對委員會，起草告人民書，進行武裝抗拒，軍警血腥鎮壓。這時的雨果已成爲新政府搜撲追殺的對象；12月11日化名「郎萬」逃離巴黎，乘火車奔往布魯塞爾。

1851－1870年雨果流亡。

雨果1851年12月11日逃往布魯塞爾，第二天就動筆寫《一樁罪行的始末》揭露路易－拿破崙政變始末。次年一月路易－拿破崙下令宣布把維克多‧雨果驅逐出法國領土。當時比利時受法國政府壓力對所有法國流亡者並不友善，雨果決定離開比利時，前往英國澤西島；8月5日船行靠岸時，他看見眾多的法國流亡者在島上等待歡迎他，不勝感動。由於材料不夠充分，雨果暫時放下《一樁罪行的始末》[4]而全力以赴寫出火辣辣的政論小冊子《小拿破崙》在全世界散發，印行到一百萬冊。1852年12月2日路易－拿破崙正式廢除共和國，改爲帝制，是爲法蘭西第二帝

國，他號稱「拿破崙第三」。1853年雨果寫完《懲罰集》。以詩的語言來表達《一樁罪行的始末》和《小拿破崙》他內心的憤怒，淪為流放者的感受是什麼呢？流放者「假如只剩下一千人，這一千人中有我。假如只剩下一個人，這個人就是我！」在1875年出版的《言行錄》裡他解釋得更清楚：「我要一個開放的共和國，龐大的，善良的，光彩四射的，在這兒進行著各種進步，自由……野蠻的傢伙！這不是要你去殺人民的頭顱，這是要打開人民的心扉，接受靈光的洗禮。」

1854年雨果全家來到澤西島，長子夏勒寫劇本與小說，次子法朗朔從事《莎士比亞全集》的翻譯，妻子阿黛爾開始撰寫她的《雨果夫人見證錄》，住在附近的茱麗葉特‧特魯埃像往常一樣，為雨果努力抄稿。

1855年拿破崙第三與英國女王互訪，雨果在澤西島流亡者辦的《人報》上分別發表給兩位國家領袖的公開信，結果是澤西島行政長官下令，驅逐雨果及三十五位法國流亡者必須在11月2日以前離開澤西島。雨果全家10月31日坐船往西北三十餘公里外的蓋納西島下榻。

1856年雨果的《沉思集》在布魯塞爾與巴黎同時發行，初版一問世就銷售一空，取得極大的成功，是雨果不朽創作之一。

4《一樁罪行的始末》直到1877年才出版。

這是一部一百五十八首敘情詩，約一萬行的巨作，以大女兒蕾歐波汀的死爲分水嶺組成：《昔日篇》（1830－1843）《今日篇》（1843－1855）在眾多懷念女兒的佳作裡，讓我們欣賞一段〈啊，記憶！〉：「啊，記憶！韶華！曙光！令人斷腸而又賞心悅目的光彩！─當她還是個小姑娘，當她的妹妹還處在孩提時代…。……那正是我們的故地。─我的心，已飛回那令人懷念的往昔！─每天一早我就側耳細聽，她在窗外悄悄嬉戲的聲息。她無聲地踩著露水跑步，生怕將我吵醒；我不曾打開過窗戶，生怕她飛得無蹤無影。 她的弟弟在歡笑……─啊，純潔的拂曉！我的一家和自然界，我的女兒和林鳥，在那涼爽的綠蔭下紛紛唱起歌來！─無論我的心充滿歡樂或憂慮，無論她的頭髮梳得馬虎或認真，我對她都驚嘆不已。她是我的仙女，她是我心目中美妙絕倫的星辰！……我一口氣就吹出一首史詩；當我講故事的時候，孩子的媽媽，面對他們的笑容墜入沉思。他們那正在燈影中讀書的祖父，時而抬起雙眼看他們哈哈大笑，透過陰暗的窗戶，我隱約望見星空的一角！」[5]

　　繼《沉思集》以後《歷代傳奇》（1857）在世界詩歌史上也有舉足輕重的份量，是雨果根據《聖經》故事，古代神話，民間傳說用詩的體裁寫出人的史詩，它的主題：人類走向光明，有哲學甚至玄學的內涵。

　　1862年終於出版了《悲慘世界》，從1845年雨果就開始寫這部鉅作，初名《貧困》。1848年二月革命中斷了他的寫作，流亡

時期，帶著成箱的手稿，滿腦的記憶，把自己親身的經歷，目睹的種種悲慘或奇怪的現象，用他史學家的思維，哲學家的感情，浪漫文學家的手筆塑造成一個個令人難以忘懷的人物和故事：冉阿讓，卡福汝主教，芳汀，珂賽特，馬呂斯，伽弗洛什好像都是我們耳熟能詳的朋友。還有雨果在1862年寫的序言也是值得我們深思：「只要因法律和習俗所造成的社會壓迫還存在一天，在文明鼎盛時期人為地把人間變成地獄並使人類與生俱來的幸運遭受不可避免的災禍；只要本世紀的三個問題—貧窮使男子潦倒，飢餓使婦女墮落，黑暗使兒童羸弱—還得不到解決；只要在某些地區還可能發生社會的毒害，換句話說，同時也是從更廣的意義來說，只要這世界上還有愚昧和困苦，那麼，和本書同一性質的作品都不會是無益的。」

　　《悲慘世界》空前的成功使雨果繼續小說創作，《海上勞工》（1866）《笑面人》（1868）《九三年》（1862年開始，1873年完成）。《海上勞工》故事的背景就在雨果一家流亡僑居了十五年之久的蓋納西島，除了動人的故事，我們也聞到了海洋的氣息。男主角吉里亞特與排山倒海的巨浪以及震天動地的風暴的搏鬥令人心驚，而他最後犧牲自己成全女主角與他人結婚，更令人感動。《笑面人》也是描寫海洋的佳作，是雨果最不可思議的黑色

---

5 張秋紅譯，《雨果詩選》，上海譯文出版社，1986，頁571－573

小說，被毀容的格溫普蘭（「笑面人」外號的來源），也就是在權利鬥爭被利用恢復名位的克朗查理爵士在上議院的演說使人似乎聽到雨果1849年7月談到貧窮問題的慷慨激昂。《九三年》是一部歷史演義小說，時代背景在1793年，共和國尚未滿一歲，故事圍繞在兩種衝突中間：革命軍與復辟勢力生死博鬥，軍令與善心的選擇，最後是人道主義戰勝一切。

雨果流亡時期，一直筆不釋手在1864年雨果爲兒子法朗朔所譯《莎士比亞全集》寫了一篇序言，爲後來《論莎士比亞》文學理論的開端。1865年又出版了《街道與林間之歌》。1868年雨果夫人過世，雨果親自護送靈柩葬在大女兒墓旁。這一年夏勒·雨果的兒子喬治夭折，不久二子誕生也名喬治，1869年，夏勒又喜添一女，取名讓娜，這一對孫兒孫女是雨果晚年最大的安慰，兒女們一個個都先他而去，自己嫡親骨肉就剩下他們兄妹二人，1877年出版的詩集《做祖父的藝術》就是描述喬治與讓娜給他的感受。

1870年普法戰爭9月1日到2日色當決戰法軍慘敗，拿破崙三世成爲普軍俘虜。9月4日巴黎爆發革命，帝國政府被推翻，恢復了共和國。

1870年9月5日雨果結束十九年被放逐的生涯，這些年來文學上的巨作和政治上的執著使他如英雄式，熱烈而隆重的凱旋歸來，受到巴黎人民「難以形容的」盛大歡迎，「雨果萬歲！」《言行錄》這麼記載。

　　1870年雨果當選國民議會巴黎代表，2月26日法國政府與普魯士的首相俾斯麥在凡爾賽訂和約草案，法國割讓亞爾薩斯省和洛林省之一部分給普魯士，並賠款50萬法郎。雨果堅決反對和約草案不生作用，氣憤之下，辭去他在國民議會中激進左派主席的職位。

　　1871年3月28日「巴黎公社」宣告成立，退到凡爾賽的法國政府，舉兵攻打巴黎，遭到民眾奮力抵抗，雨果寫了一首詩篇〈一個呼聲〉反對內戰。5月凡爾賽政府與普魯士正式簽署和約。

　　1872年出版《凶年集》。

　　1873年馬克·馬洪當選共和國總統。

　　1876年雨果當選上議院塞納省議員。

　　1877年雨果發現馬克·馬洪有復辟意圖，立即出版路易·波拿巴政變的記實，《一樁罪行的始末》卷首加上「本書的發表不僅適當其時，而且是刻不容緩」。

　　1878－80繼續出版《教皇》、《至高的憐憫》、《宗教種種與宗教》及《蠢驢》表明他對人為解釋上帝的不滿。

　　1882年一群青年作家與藝術家發起，在2月26日給詩人慶祝八十華誕，各方熱烈響應。政府總理親自登門道賀，雨果所住的艾婁街[6]入口處搭建二十米高的彩色牌坊，住宅門前多的是全國各地送來的鮮花，雨果一直站在窗口，旁立著孫子喬治與孫女讓娜，向人群揮手致意。

　　為紀念雨果兩百週年冥辰，法國國家圖書館展覽其手稿及繪畫，我們看到他1881年自擬的一份遺囑，其中寫道：「上帝，靈魂，責任是我的信仰……我贈送我所有的手稿、繪畫，現在的，身後的，給巴黎法國國家圖書館，有一天她將會成為全歐聯盟圖書館……我快要閉上我在人世的眼睛，但我靈魂的眼睛將是大大的睜開，比以往更大。……不要在任何教堂為我舉行追悼儀式，我要求給全人類的靈魂祈禱。」

　　一代文豪雖然已走了一個多世紀，他留下的文學遺產永遠豐富著法國乃至世界的智慧寶庫，我們也絕對相信他的精神常在，黑暗是短暫的，光明終會永駐。

參考書目：

《雨果全集》，羅貝拉封出版社，2002再版。
葛斯同‧鮑爾德，《雨果昨天，現在，明天》，德拉噶出版社，2002。
讓－馬克‧歐瓦斯，《維克多‧雨果》第一冊：流亡前1802－1851，
　　　法雅出版社，2001。
柳鳴九，《走近雨果》，河北教育出版社，2001。
張秋紅譯，《雨果詩選》，上海譯文出版社，1986。

仁者雨果

王家煜

　　雨果生於1802年2月26日，上距法國大革命爆發（1789年）革命軍攻破巴斯底獄僅十三年，下離拿破崙之帝國傾覆（1814年4月4日）十二年。在這二十幾年內，法國產生了空前的大動亂，政治不安，社會混亂，保皇黨，共和派與波拿巴派（親帝國份子）互相攻殺，生靈塗炭，而其後的復辟（1830至1848）也沒給人民帶來眞正的太平日子。接著而來的「第二帝國」（1852至1870）亦是戰無寧日，而且把雨果以政治迫害，趕出法土，等到「第二帝國」潰亡。回到巴黎，雨果再次看到自己同胞在「公社牆」的兩邊互相攻打殘殺的局面（1871年5月），他逝世於1885年，這已是法蘭西「第三共和」時代了。

王家煜

台灣大學外文系畢業，巴黎第七大學文學博士。曾任法國國家圖書館研究員、巴黎第七大學中文系教授，現任法國國家統計暨經濟行政學院中文系教授。著有：《儒家及道家思想概論》，法國《世界宗教百科全書》撰寫人之一等法文著作。

　　這位長壽的作家哲人，是法國十九世紀的見證人，他懷抱著仁心仁術，參與了這段悠長的歷史進程，寫出了大量不朽之作，對革命暴力，嚴刑峻法以及宗教之教條作了深刻之思考和嚴厲的批判。他投身政壇，極力倡導廢除死刑，鼓吹教育；其主要思想是要消除人間之不公，及對權威之恐懼，這和孔子所說，「道之以德」，和「子為政焉用殺」以及「不教而殺之謂之虐」，誠是同一精神面貌。仁者也，雨果！此固天縱之才德，而其歷史之背景與其作品思想卻是緊緊結合的，雨果尤能感受歷史，從中提取最寶貴的教訓。

　　我們認為影響雨果思想之重大歷史事件莫過於1789年爆發的大革命，以及革命期間所施行之恐怖統治以及拿破崙帝國傾亡後所產生之白色恐怖，這可從他青年時期作品中求得明證。但為了清楚探討這個問題及雨果著作思想主題，讓我們先回顧一下法國大革命到拿破崙帝國滅亡這段歷史。

　　標榜自由、平等、博愛的法國大革命，竟然演變成一場大屠殺，這是極其悲痛的。巴黎巴士底獄遭攻破以後，全國人民寄予厚望，但終失所望。此舉後不到三年，即1792年革命的「國民公會」（Convention）即施行恐怖統治，於該年8月10日至9月20日設立特別法庭及革命法庭以嚴刑處置或流放一切反革命分子。十五天之內，僅巴黎一地即有三千人被捕，至九月下旬又有大量屠殺，這是法國歷史上所稱第一波恐怖統治。第二波產生在1793年9月至1794年7月，革命當權派懷疑貴族和教士對革命事

業不利，下令治安救世委員會、巴黎革命法庭、地方法庭以及邊境軍事委員會等皆有權捕捉疑犯。軍隊中也施行恐怖治理將領遭殺者不少。經濟上恐怖管治大施其威，1793年9月29日公布之最高物價及薪資令，違者交革命法庭處治。道德領域內亦所不免，規定概用共和曆（反基督紀年）並在國中全面廢除天主教教義。短短十個月內，總計有一萬七千人經審判後，上了斷頭台，另有兩萬五千人未經審判即處極刑。法王路易十六及其皇后瑪麗安朵納特都在此恐怖統治中被送上斷頭台。

「國民公會」之政策遭到人民的普遍不滿和反抗，最重大者是法國西部旺代地區。居民為反抗當局黷武政策向該區徵兵三十萬，組織群眾與革命軍鏖戰數月，終被後者以大量軍隊擊潰。據估，此次死亡之旺代人民超過兩萬人。雨果在他小說《九三年》裡寫述的就是此段歷史，他對革命的暴力與人性的善良作了極深刻的對比。

此後，革命政府在對外用兵上雖屢傳捷報，但國內政情卻不穩定，一批野心極端分子，如羅伯斯比耶，仍堅持恐怖統治，藉口純化革命，於1794年3月至4月初，大肆消除異己。此後仍不罷休，於同年4月中旬，決定廢除原來之地方法庭和邊境法庭而集大權於設在巴黎之「革命法庭」，然後獨裁之。最後於一七九四年六月廢除律師對疑犯在開庭之前之問訊及協助制，此後只由審判員在「無罪」和「死罪」兩者之間作決定，此即史稱之「大恐怖」。一個月內有一千三百七十六人被判決送上斷頭台，但羅

伯斯比耶之恐怖統治遭他政敵之強烈反抗，權力鬥爭達到極點，這位獨裁者就在同年（1794）七月也被送上斷頭台。

這時，法國國內反抗革命的組織出現了，此即所謂之「白色恐怖」（La Terreur blanche），這是保皇派為復辟王朝而施行極端手法殺害革命份子地下機構，其活動熾盛於1795年，所謂以牙還牙乘機暗殺。此組織首先發起於法國東南部，後來漫延全國各地及巴黎。雅各賓黨人（即革命激烈份子）、共和國派者及擁護革命之天主教教士和新教徒均在此「白色恐怖」格殺名單中，一七九五年底革命政府大兵掃盪之，幾遭滅跡。歷史上稱此保皇派組織，為第一次「白色恐怖」，因為還有一個第二次。

第二次「白色恐怖」發生於拿破崙一世，「百日」王朝（1815年）失敗後（6月18日）。滑鐵盧一役，蓋皇上被囚，黨人遭殃，此組織為首者乃地方之舊王室貴族，格殺目標乃是雅各賓革命份子派及新教教徒，而對擁護拿破崙百日王朝者尤所嫉惡。他的名將納伊拉伯多耶、賽沙等均遭殺戮。這已是波旁王朝路易十八世時代了。

以上我們較為簡略地述說了法國大革命到拿破崙一世帝國期間相繼產生幾個「恐怖統治」時期，主要說明這在法國歷史甚或人類歷史上是絕無僅有的反理性行為，而對才華橫溢、情操高尚的雨果來說更是一個大震憾。他終生的思考，大都集中在人間的暴力上，而這思考絕不是建基在烏托邦式之理論上。我們前面說過，他投身政壇，以行動及著作表現他對弱者、苦者的關注和愛

憐，在這方面，特別突出的，便是他爲倡廢死刑的奮鬥了。

　　而雨果這場仁心之奮鬥正萌芽於法國大革命間發明的一件刑具上，它有個陰森的名字叫「斷頭台」，於1792年恐怖高潮時期開始使用。這是一個機械化的斬頭刑具，也是兇險的殺戮象徵。它法文名字叫「Guillotine」，一般認爲是一名叫Guillotin的醫生議員發明的。其實他只不過以「仁慈」心腸，見被判死罪者太多，劊子手已不敷使用，建議另製快速刑具。眞正的設計人，叫Louis，也是一個醫生，所以最初使用期間「斷頭台」叫Louisette，是根據原設計人叫的。「國民公會」革命政府在1792年公布的一項關於「斬首方式改變」通令中，對此新刑具作了詳細說明，並謂使用方便效果快速，因爲「刀身重量大，刀口斜傾而銳利，拉窗從高而下，是堅硬之頸骨難以抵制的」等云。這眞是一驚心動魄的陰森形像，它在雨果作品裡時時出現，我們可以想像在他有生之年這恐怖之刑具定是時刻不離腦際的。

　　雨果十歲時，在一次跟母親赴西班牙途中，經一刑場，時正一具「斷頭台」運到，據他母親後來給友人之信上說，當時幼小的雨果見此陰森大物，一時驚駭，從此不忘。後於1828年在巴黎，看到一死囚，在斷頭台遭斬首之情形，從此，雨果更堅定了力倡廢除死刑的決心。他第二年（1829），二十六歲時，出版了《死囚末日記》，其書之主旨即是廢除反人道之極刑，文字風格頗具華麗，全文描述可怕之事實「死」。此書絕非求媚任何人，小說中死囚以第一人稱「我」使讀者（作者）設身處地「感受」這

人間之酷刑。這是一場長久的戰鬥，書中除對死囚的惜憐同情外，對刑法法理也攻擊甚烈，謂以心計殺人。甚至獄中佈道神父也被作者嚴詞批之，他似乎覺得人的生命是不能有任何外加恐怖的，他曾說「此書之作靈感來自血中」，出版後引起社會轟然大波，反對聲尤猛，而年輕的浪漫派文學領袖，信心不移，有德者必有言，仁德事業是漫長的。雨果在1854年一次演說裡宣稱：「我們現在正處在整個（十九）世紀人道主義之最高峰，是一個進步的、藝術的、科學的和愛情、希望、博愛的時代。「斷頭台」，汝於吾何求焉？」這個希望終於在法國實現了。『斷頭台』在1945年宣告壽終，死刑也于1982年正式廢除，雨果地下有知，可以瞑目欣慰了。

提倡廢除死刑實現人道之同時，雨果致力消除和解脫的便是「權威」對人民所施之「恐嚇」。這個「恐嚇」的象徵是兩個建築物：一是法庭，一是教堂。前者治人肉體後者治人靈魂。仁者雨果在眾多作品中都描繪了這兩個令人見之生畏的殿堂。他使之人道化、平民化，試圖去除它們的猙獰面貌。他的名著小說《悲慘世界》及《巴黎聖母院》似為這方面的代表作。是一般平民的心聲、是民間疾苦之最佳寫照，他早年關心的監獄、死刑、妓女等社會問題，皆繪諸二書中。事實上他三十一年前出版之《死囚末日記》中篇小說已多少預示了《悲慘世界》的主題思想，即以道德力量戰勝權威的法律。此小說的主角是一叫冉阿讓的男人，他出身卑微，但他是內心善良的人，歷經波折苦難，最後變為一個

滿懷博愛仁術的聖徒式人物。此乃一長篇鉅作，穿插故事不少，但都集冉阿讓一身。故事從他受刑期滿述起：他在返鄉的路上，投宿一天主教主教家，受其善意招待，但他夜間不辭而行，並偷了主教的銀器，後被警察逮捕，主教卻聲稱乃自己相送的。冉阿讓心靈極受感動，為其精神光輝滌盪，從此洗心革面，改名馬德蘭，創辦事業，成為著名的慈善家並被選為市長。後來身分暴露，再次淪為苦役犯，但一心要解救孤女珂賽特，設法從苦役運船逃跑，帶著珂賽特隱居巴黎。珂賽特成年與青年馬呂斯相遇，繼而彼此相愛，1832年，巴黎人民起義，冉阿讓和馬呂斯都參加了街壘戰，多年對冉阿讓窮追不捨的警察長夏威，為政府奸細，在街壘旁被發現，冉阿讓受命處決夏威，但他卻把夏威放了。夏威良心發現即投塞納河自盡，此後馬呂斯負傷，冉阿讓拚死搭救生還，然而馬呂斯與珂賽特結婚後，知道冉阿讓原來是一苦役犯，便斷絕了與他的來往。後來馬呂斯終瞭解了冉阿讓的偉大人格，跟珂賽特同到他的病褥探望及懺悔。冉阿讓在兩個他愛的青年面前逝世。他終沒再去服刑役，因為窮追他的人：法庭的代表人夏威已經自殺了。法律在有德者面前無效了。高聳的法庭殿失敗了。人民是善良的。「子為政焉用殺？」不正是此意嗎？

　　《巴黎聖母院》出版於一八三一年三月，雨果剛滿二十九歲，也即《死囚末日記》出版後之第二年。這是一部歷史小說，故事以巴黎最有名的大教堂「聖母院」為主要場景，描寫美麗的吉普賽女郎愛斯梅拉達和聖母院鼓鐘人醜陋善良的加西莫多及邪

113

險的副主教孚羅洛三個主要人物之間錯綜複雜、曲折離奇的故事。雨果在小說一開頭便提出「天數」和「命運」概念，不是對天主教神創世界的一大諷刺嗎？而又集善良、美醜、邪惡於此神殿之中，不是把它平淡化了嗎？評論家謂這部小說的「主人公」其實就是這座教堂，乃中的之論。作者之意正欲去其「神威」還其人道面目，才是宗教真諦，何以地獄畏之？他用另一手筆把聖母院描寫得精彩絕倫，也是為還殿堂於人間，非為威嚇人們也。雨果氏之憐愛世人之深，於此可知，仁人之心腸也。在他于1878至1880年出版之《教皇》、《至高的憐憫》及《宗教種種與宗教》等書中，也可見其對人假上帝權威之不滿。而在他的自擬遺囑中（1881年），吩咐後人不要在任何教堂舉行追悼儀式，更可闚見雨果對宗教的態度。他信仰是宗教內涵之愛，外在的強制是他終生反對的。

　　法國歷史上，君王、將相、詩人、文士、眾矣。或有一時之譽，或享一代之名，歷久則衰。若德尚、著作歷世益盛者，雨果一人而已。人稱他乃法蘭西民族之靈魂，人類之良心，誠非虛語。

雨果的政治生涯

卓鳴鳳

雨果於一八○二年二月二十六日在法國東部的柏桑松
（Besançon）出生，於一八八五年五月二十二日在巴黎去世。

雨果年代的法國政體

雨果在世的八十三年間，法國政體更迭頻仍。雨果出生時，
是法國「第一共和」的「執政府」（Consulat）時期（1799 -
1804）。第一執政（Premier Consul）拿破崙集大權於一身，先在
一八○二年八月四日成為終身執政，繼於一八○四年五月十八日
獲得皇帝的封號，稱拿破崙一世（Napoléon 1er），而使法國進入
「第一帝國」（1804- 1814）。一八一四年四月四日拿破崙一世被

卓鳴鳳

國立臺灣大學數學系畢業。法國巴黎第九大學應用數學系學士、碩
士、博士班高等文憑（DEA）。法國巴黎第三大學語言學DEA。曾任駐
法國代表處文化組秘書。現職教育部國際文教處一等文化秘書。

迫退位，法國進入「復辟時期」（Restauration）（1814－1830），歷經路易十八（Louis XVIII）及查理十世（Charles X）兩位國王。路易十八在位期間（1814－1824），又有拿破崙一世的「百日王朝」（Les Cent-Jours）（1815.3.20－6.22）。路易十八統治初期，權力脆弱；退位在厄爾巴（義大利文 Elba，法文 Elbe）島的拿破崙，受到法國國內擁拿破崙勢力鼓舞，亟思重返。一八一五年三月一日，拿破崙在法國南部登陸，三月二十日進入巴黎，取得政權，六月十八日在滑鐵盧（Waterloo）戰敗，於六月二十二日第二次被迫退位。拿破崙一世重新執政的百日期間，算是「第一帝國」的延伸。

　　一八三〇年「七月革命」（七月二十七、二十八、二十九日）結束查理十世的統治，也結束復辟時期，開啓由路易‧菲力普一世（Louis-Philippe 1er）統治的「七月王朝」（Monarchie de Juillet）（1830－1848）。一八四八年「二月革命」（二月二十二、二十三、二十四日）又結束了「七月王朝」，二月二十五日宣告成立「第二共和」（1848－1852）。拿破崙的侄子路易－拿破崙（Louis Napoléon Bonaparte）在一八四八年十二月十日當選總統；隨後在一八五二年十二月二日稱帝，成爲拿破崙三世（Napoléon III），法國進入「第二帝國」（1852－1870）。至一八七〇年，德法戰爭愈演愈烈，九月二日法軍在色當（Sedan）戰敗，九月四日巴黎發生革命，拿破崙三世的「第二帝國」告終，法國進入「第三共和」（1870－1940）。雨果去世時，是在「第三共和」第

三任總統葛雷維（Jules Grévy，1807 - 1891）的執政期內（1879 - 1887）。

雨果在十九世紀初誕生，至十九世紀末逝世。這段期間，法國共和政體、帝國政體、君主政體交替頻仍。每一政體，最長者亦不過十八年。雨果去世時的「第三共和」，雖然維持了七十年，直到第二次世界大戰爆發爲止；但初期尚有保王派與共和派之爭，政局並不穩定。

雨果的母親是法國西部南特（Nantes）人，是個保王派。父親是拿破崙軍隊下的軍人，是個共和派。雨果一生也經歷了保王主義、自由主義、社會主義、民主主義和共和主義。

早期保王思想

一八二〇年，國王路易十八的侄子貝里公爵（Duc de Berry）極端保王派的色彩引起自由派的不滿，而招致暗殺。雨果寫了一首悼詩。年老的路易十八受到感動，賞賜了五百法郎給這位年輕的詩人。雨果在二十歲的時候，出版了《頌歌與雜詩集》（*Odes et poésies diverses*），展露出詩人的才華。一八二五年，雨果二十三歲，以作家身分獲得榮譽勛位的騎士勛章（Chevalier de la Légion d'honneur）。當年五月，雨果應國王查理十世之邀，前往蘭斯市（Reims）參加在大教堂舉行的加冕典禮。在這些年代，雨果是個極端保王派。

117

反對死刑

　　一八二九年，雨果出版小說《死囚末日記》（*Le Dernier Jour d'un condamné*），文中描述死刑的恐怖，反對死刑。雨果先後在其他小說裡（一八二三年的《冰島凶漢》（*Han d'Islande*）及一八三四年的《克洛德‧格》（*Claude Gueux*）也表現其反對死刑的理念。

　　法國「第二共和」時期著名的共和派人士巴貝斯（Armand Barbès，1809-1870），在復辟時期即開始從事反對活動，一八三九年五月十二日起義失敗，遭受逮捕並在七月十二日被判處死刑。由於雨果的介入，路易‧菲力普將死刑改爲終身監禁。

　　美國反對奴隸制度的英雄約翰‧布朗（John Brown，1800 - 1859），於一八五九年十月十六日晚間，爲解放黑奴，率領十六位白人與五位黑人在維吉尼亞州的哈帕斯費里（Hapers Ferry）起義。戰鬥中十位起義者（其中有布朗的兩位兒子）喪命。至十八日起義失敗而布朗被俘。隨後布朗被處死刑。雨果當時流放在英國的蓋納西（英文 Guernsey，法文 Guernesey）島，發表〈致美國信〉，同情布朗，爲他請命。雨果除了反對死刑外，也反對奴隸制度，因此爲文極力聲援布朗。不過布朗仍然在十二月二日被絞死。（布朗的行爲加速解放黑奴運動，也引發後來的南北戰爭〔1861 - 1865〕）。

雨果終其一生爲廢除死刑奮鬥不已。於擔任議員期間，屢屢在議會提案。雨果逝世之後，法國繼續不斷在議會討論有關廢除死刑之事。直至一九八一年十月九日，國民議會以三百六十九票贊成，一百一十三票反對，五票棄權，通過第81-908號法，正式廢除死刑。此後，雖有不少提案主張對恐怖份子恢復死刑，但從未獲得多數議員支持。

法蘭西學院院士

一八四一年，雨果獲選爲法蘭西學院（Académie française）院士。法蘭西學院由黎希留（Richelieu）主教於一六三四年創立。院士共四十位，爲終身職，主要任務爲編纂法語字典及規範法語語法。這是文人爭取的一項名位，代表榮譽與影響力。雨果從一八三六年就開始競選院士，在當年二月十八日及十二月二十九日的選舉中，分別被杜帕提（Emmanuel Mercier Dupaty，1775 - 1851，詩人、劇作家）及米涅（François-August Mignet，1796 - 1884，歷史學家）擊敗。一八三九年的競選仍然失利。一八四〇年二月二十日輸給弗盧朗（Marie-Jean-Pierre Flourens，1794 - 1867，生理學家）。直到一八四一年一月七日終於在第一輪選舉中獲得三十二票當中的十七票而當選。

法蘭西學院與政治界關係密切。當時的院士當中，像庫贊（Victor Cousin，1792 - 1867，政治家、哲學家，1830當選；後

任教育部長），杜潘（André Dupin，1783 - 1865，政治家、律師，1832當選；任國會議員），梯也爾（Adolphe Thiers，1797 - 1877，政治家、歷史學家，1833當選；歷任部長、國務院長、總統），薩爾梵迪（Narcisse-Achille de Salvandy，1795 - 1856，政治家、歷史學家，1835當選；後任教育部長），基佐（François Guizot，1787 - 1874，政治家、歷史學家，1836當選；歷任國會議員、內政部長、教育部長、外交部長、國務院長）等都是重要的政治人物。

雨果在一八二七年出版劇本《克倫威爾》（*Cromwell*），並寫了一篇序言。這篇序言被視爲文學上浪漫主義的宣言書。雨果成爲這個新流派的領袖。法蘭西學院長期抵制浪漫派，雨果當選院士，確立了浪漫主義的地位。隨後，雨果支持維尼（Alfred de Vigny，1797 - 1863），巴爾扎克（Honoré de Balzac，1799 - 1850），大仲馬（Alexandre Dumas，1802 - 1870），繆塞（Alfred de Musset，1810 - 1857）等幾位浪漫派作家競選院士。繆塞並在一八五二年當選。

與雨果相輕的大文豪左拉（Emile Zola，1840-1902）前後競選二十四次，始終未能如願。

投身政治活動

一八四三年是雨果生命上的一個轉捩點。三月，戲劇作品

《城堡衛戍官》（*Les Burgraves*）演出失敗，九月四日，結婚不久的愛女蕾歐波汀（Léopoldine）與夫婿瓦克理（Charles Vacquerie）在塞納河遊船時，意外地在威勒基爾（Villequier）雙雙溺斃。雨果放棄文學創作，投身政治活動，過了差不多十年才再有作品問世。

雨果在一八五○年曾敘述自己的政治理念：一八一八年是保王派；一八二四年是自由主義保王派；一八二七年是自由派；一八二八年是社會主義自由派；一八三○年，是自由主義、社會主義及民主主義；一八四九年是自由主義、社會主義、民主主義及共和主義。一八五○年後，雨果則一直信奉民主主義及共和主義。

雨果認為「影響力」比「權位」更重要；而他兩者兼備。他除了像一些文學家一樣，透過作品發揮影響力之外，更在政壇上擔任法國元老（Pair de France）、國會議員、參議員等幾個重要職位。

元老院元老

一八四五年四月，雨果得到國王路易・菲立普的任命，進入元老院（Chambres des pairs，或稱貴族院），直到一八四八年二月七月王朝結束為止。根據一八三○年八月十四日的憲章，當時有兩個國會：一個是眾議院（Chambre des députés），議員由繳納

稅款者選舉產生；另一個是元老院，成員由國王任命。元老院取代拿破崙時代的參議院（Sénat），設在盧森堡宮（Palais du Luxembourg）。元老院成員不乏能言善道的著名人物；精彩的舌戰不時出現。元老院這個「上院」除了具有立法的功能以外，也審判叛亂及危害國家安全的罪行。在「七月王朝」初期，審理了許多共和派人士的案件。

雨果年輕時心儀的文學楷模，作家夏多布里昂（François René Chateaubriand，1768 - 1848），也曾經在一八一五年成爲元老院的一員。（雨果在一八一六年七月十日的日記上曾寫下宏願「如果做不成夏多布里昂，那就什麼也甭做！」雨果時年十四歲！）

雨果擔任元老期間數度發言提倡新聞自由，爲消除社會貧困而奮鬥。雨果甚至主張全民普選這個民主共和的理念。

第二共和國會議員

一八四八年二月革命迫使路易・菲立普退位之後，拉馬丁（Alphonse de Lamartine）（1790 - 1869）成立臨時政府，首要任務即透過人民直接選舉產生制憲議會（Assemblée constituante），制定「第二共和」的新憲法。在一八四八年六月四日的補選，雨果當選爲塞納（Seine）省的議員。第二共和的憲法在一八四八年十一月四日頒布。採單一國會；行政權首次交付給總統；總統

由全民直接選舉產生，任期四年。一八四九年五月十三日，雨果繼續獲選為新國民議會（Assemblée nationale）的塞納省代表，直至一八五一年十二月路易拿破崙發動政變為止。在「七月王朝」時代具有貴族元老身分的雨果，從此澈底變成共和主義者。

在制憲議會裡，雨果屬於較保守的右派；在國民議會裡，他覺得在社會政策上與左派較為接近，乃加入其行列。雨果對制憲議會的期待是：『我希望這個議會一心一意朝一個偉大、卓越、崇高的目標邁進 ─ 消除貧窮』。這也是雨果畢生努力的目標。

雨果支持（參、眾）兩院制的國會，因為「第二共和」憲法第二十條採單一國會，雨果拒絕投票贊成這部憲法。在「第三共和」初期，法國仍採單一的國民議會；但自一八七五年起，則分參、眾兩院。今日法國「第五共和」的憲法，亦為兩院制。

「第二共和」這部憲法原為實現民主與共和理想以及增進人民社會權利而制定；結果卻相當脆弱，只維繫了三年。

提倡「歐洲合眾國」

一八四九年八月二十一日巴黎舉行一次世界和平大會，雨果擔任主席。他首度提倡「歐洲合眾國」（Etats-Unis d'Europe）。雨果在揭幕典禮上發表演說，他說：『將來有一天，我們會看到歐洲合眾國與美利堅合眾國這兩大團體，面對面，在大海之上向對方伸手，交換他們的生產、他們的商業、他們的工業、他們的

123

藝術、他們的天資，開墾地球，殖民沙漠，在造物主注視下改善萬物，結合這兩股無窮力量、人類的博愛與上帝的力量謀求全民福祉。』一八六九年在瑞士洛桑市舉行第二屆和平大會，雨果再度宣揚「歐洲合眾國」的理念。

　　一八六七年四月至十一月，巴黎舉辦萬國博覽會。開幕前，法國準備一本《巴黎導覽》，請雨果寫序。雨果寫道：「在二十世紀，將會有一個了不起的國家。……這個國家的首都是巴黎，這個國家不叫法國，這個國家叫做歐洲。」

　　邱吉爾（Winston Churchill，1874 - 1965）於一九四六年九月十九日在蘇黎世的演講中，也建議法國與德國建立「歐洲合眾國」。萌芽於第二次世界大戰戰後的「歐洲聯盟」（Union europeénne），目前已有十五個成員（比利時、德國、法國、義大利、盧森堡、荷蘭、丹麥、愛爾蘭、英國、希臘、西班牙、葡萄牙、奧國、芬蘭、瑞典），而且尚有十三個其他國家正在申請加入，但是「歐洲合眾國」的理念，時至今日仍然是歐洲各國邁向和平繁榮的一個方向。

推動免費與義務教育

　　法國在大革命之後就推行國民教育，孔多塞（Condorcet，1743 - 1794）於一七九二年四月在當時的立法院（Assemblée législative）提出教育改革報告。一八三三年通過基佐的初等教

育法。

　　一八五〇年一月十五日，國民議會討論有關私立學校的法盧（Falloux）教育法案，雨果發表有名的演說：『對我來說，有關這個教育問題，最理想的是免費與義務教育。在初級教育爲義務；在各級教育皆免費。強制性的初級教育是兒童的權利，大家不要判斷錯誤，兒童的權利比父親的權利還神聖，與國家的權利是一體的。』他認爲應該由國家提供及監督各級教育。每個城鎮都有小學，每個都市都有中學，每個省會都有大學。雨果支持無宗教性的國民教育，反對法盧法案。他說：『傳授迷信，不僅無益，而且有害。』但三月十五日，國民議會還是以三百九十九票對二百三十七票通過了法盧法案，讓教會得以在教育上發揮影響力。

　　三十年後，「第三共和」的法國，終於聽進了雨果的話。一八八〇年九月二十三日，教育部長費里（Jules Ferry，1832 - 1893）升任國務院長（Président du Conseil），繼續推動無宗教性的國民教育政策。一八八二年三月二十八日，在雨果八十大壽之後，終於通過國民義務教育法，強制六歲至十三歲的學童接受無宗教性及免費的教育。免費與義務兩個觀念較易被接受，而「沒有上帝的學校」曾經讓很多人害怕，但費里堅持在這三重性質之下教育法國青年。他認爲這樣才能擺脫過去的包袱，創造民主共和的新世代。（法國義務教育年齡在一九三六年延伸至十四歲；在一九五九年延伸至十六歲。）

流放比利時、英國

「第二共和」憲法規定總統不得連任。一八五一年十二月二日，任期將滿三年的路易－拿破崙為繼續掌權，乃發動政變。在「第二共和」初期支持路易－拿破崙的雨果，不滿路易－拿破崙成為獨裁者，帶頭反對。他在十二月三日說道：『有個人剛剛破壞憲法，撕毀對人民的誓言，取消法律，箝制權利，血洗巴黎，捆綁法國，背叛共和。』因此，雨果以將近五十歲之年，走上流放之路。一八五一年十二月十一日逃往比利時，後來轉往英國的澤西（Jersey）島（1852－1855）及蓋納西島（1855－1870），離開法國將近十九年，直到「第二帝國」結束，「第三共和」成立，才在翌日回到巴黎。一八七〇年九月五日，雨果在巴黎火車站北站（Gare du Nord），受到英雄式的歡迎。

一八五二年一月九日，路易－拿破崙下令將雨果驅逐出法國國土。雖然在一八五九年，路易－拿破崙已變成拿破崙三世，曾給予特赦，但雨果拒絕返國。他說：『自由回來時，我就回來。』

在流放期間，雨果才於停頓將近十年後，重新有文學作品問世。一八五二年在布魯塞爾出版《小拿破崙》（*Napoléon le Petit*）；一八五三年出版《懲罰》（*Les châtiments*）詩集，諷刺拿破崙三世，把他描寫成專制的典型。著名的小說《悲慘世界》

（*Les Misérables*）在一九六二年出版。雨果除了重新出版詩集、小說以外，繼續關心法國甚至全世界的政治。他譴責英法聯軍在一八六〇年進攻北京城並火燒圓明園。他在一八六三年爲文反對鎮壓波蘭起義；聲援墨西哥戰士，反對拿破崙三世遠征墨西哥。在一八七〇年支持古巴對抗西班牙。

「第三共和」的國會議員

一八七〇年九月雨果重返法國時說：『有兩件事召喚我。第一是共和國，第二是危險。我回來盡我的義務。我的義務就是你的義務，就是每個人的義務。保衛巴黎，鞏固巴黎。而拯救巴黎，不只是拯救法國，更是拯救全世界。』當時德法戰事激烈，雨果返回巴黎後，巴黎就遭到德軍包圍。他與巴黎居民一同受苦。從此，雨果廣受巴黎市民的愛戴，聲譽日隆，直至辭世。

一八七〇年十一月，梯也爾與俾斯麥（Bismarck，1815 - 1898）在凡爾賽宮的鏡廳（Galerie des glaces）協商，宣布德意志帝國成立。一八七一年一月二十八日簽署停戰協定。一八七一年二月法國組成國民議會以便談和並起草憲法。二月八日雨果當選議員；但一個月後，因爲國民議會拒絕讓獲選的議員加里波第（Garibaldi，1807 - 1882）就職，乃辭去職位。雨果雖然當選議員，但拒絕爲他認爲「醜惡的」和平協定背書。國民議會議員大都屬於主和的君主主義派或保守派，儘管亞爾薩斯（Alsace）與

127

洛林（Lorraine）兩地議員極力反對，議會以五百四十六票贊成對一百零七票反對批准和平協約內容。雨果在三月八日辭職當晚，寫下：「我計畫的法案，如：廢除死刑、廢除剝奪自由與名譽之刑罰、司法改革、歐洲合眾國預備法案、免費與義務教育、婦女權等，因我的去職而無法實現。」

雨果隨後在一八七二年一月七日的選舉失利。

「巴黎公社」事件

德軍一八七○年九月包圍巴黎後，法軍連連挫敗，政府無法保衛巴黎，巴黎的軍事、經濟、社會、政治情勢混亂。反對投降的勢力組成公社（即史稱的「巴黎公社」）臨時革命政府。巴黎居民不願投降，不滿梯也爾的處置，在一八七一年三月十八日爆發了公社的流血對抗；公社處決勒孔特（Lecomte）與托瑪（Thomas）兩位將軍。五月二十一日，凡爾賽軍進入巴黎，弭平公社，並在二十二至二十八日的「血腥週」對公社社員展開屠殺。公社則焚燒了杜勒利（Tuileries）王宮、巴黎市政府等公共建築作爲報復。隨後，公社社員被捕，判處死刑、苦役與流放。

一八七一年三月十三日，雨果的兒子夏勒（Charles）過世，雨果在三月二十一日前往布魯塞爾處理後事。雨果雖然譴責公社殺害將軍等暴行，但同情社員的處境。比利時政府拒絕讓公社社員入境。雨果在五月二十六日爲文：「比利時政府拒絕給予戰敗

者的庇護，我來給。在哪裡？在比利時。我給比利時這個榮譽。我在布魯塞爾提供庇護。我在街壘廣場四號（Place des Barricades n°4，雨果住處）提供庇護。」當晚，群眾在他家門外抗議，高叫「打倒雨果」。比利時政府在五月三十日下令驅逐雨果出境。翌日，雨果前往盧森堡，開始另一次流放生活，至九月二十五日才回到法國。從此雨果極力尋求公社社員的赦免。

　　一八七二年，雨果在年初競選國會議員失敗，加上女兒阿戴兒（Adèle）精神失常，而公社社員屢遭處決或放逐，他自己深感無能為力，乃於八月十日前往蓋納西島，停留了將近一年，才因為兒子法朗朔—維克多（François-Victor）的健康關係，在一八七三年七月回到法國。

「第三共和」的參議員

　　法國在第三共和初期，從一八七一年至一八七五年，全國只有一個國會 —國民議會，議員由全國人民直接投票產生。國民議會起初設在波爾多，後來遷至凡爾賽。一八七五年制定的憲法將國會分成眾議院與參議院兩院。眾議員由人民直接選舉，參議員由人民代表選舉產生。

　　一八七六年一月三十日，雨果獲選為塞納省的參議員。參議院起先設在凡爾賽宮的歌劇院，一八七九年搬回盧森堡宮。七月王朝時代之元老院就在盧森堡宮。雨果在一八四八年二月第二共

和成立時離開元老院，睽違將近三十年後重新回到同一議場。一八八二年雨果獲得連任，直到一八八五年去世爲止。

雨果擔任參議員後，在一八七六年、一八七九年、一八八○年，三度提出法案以赦免因公社事件被判刑的人。他說：『內戰是個錯誤。是誰犯的錯？可說每個人，也可說沒有人。大的錯誤，需要大的遺忘。這個大遺忘就是赦免。』一八八○年七月十一日，參議院終於通過赦免法案。

舉世景仰

一八八一年二月二十六日，雨果進入人生第八十個年頭。第二天，有六十萬人前來雨果巴黎寓所的窗外，對他表示無比敬意。生日前一天，總統葛雷維與國務院長費里隆重地贈送雨果一個塞夫勒（Sèvres）的瓷器花瓶。雨果寓所的街名爲愛洛（Eylau）街，是爲紀念一八○七年拿破崙征俄愛洛戰役勝利而命名的。爲了尊崇雨果，巴黎市政府隨後（一八八一年五月八日）將雨果住所前後的一段路更名爲雨果街。四年後雨果去世時，直達凱旋門的整條街均改稱雨果街。而街頭的愛洛廣場也改名爲雨果廣場。

一八八五年六月一日，法國爲雨果舉行國葬。雨果的靈柩先置放在巴黎的凱旋門下供人瞻仰，當日移入先賢祠（Panthéon），民眾夾道致意，高呼「雨果萬歲！」。送行的人數，有的說有一百萬，有的說有二百萬。大家除了仰慕他的文學

作品外，也欽佩他一生為正義、人道、自由奮戰不懈的政治理念。雨果的政治生涯有時塡補了他文學生涯的空隙；他的文學生涯也增強了他政治生涯的力量。雨果除了在議會透過演講、法案來實現他的政治主張以外，也透過詩詞、戲劇、小說等文學作品來表達他悲天憫人的情懷。

雨果逝世之後，仍陸續有遺著出版。雨果生前即已受到法國政府與人民之尊崇。而死後，在一些具有紀念意義的日子，像一九○二年誕生一百週年，一九八五年逝世一百週年，法國都舉辦各項活動追悼他。今年，雨果誕生兩百週年，全世界各處更充滿紀念活動。雨果的文學著作，無疑地將永遠流傳下去。而他努力奮鬥的一些政治主張，也在他生前或死後紛紛實現。他對法國乃至全世界的影響，實在難以估計。

131

從《歷代傳奇》談雨果的歷史哲學

陳芳惠

　　西方學界經常強調十九世紀是歷史的世紀。這樣說，並非因為西方自希羅多德（Hérodote）歷經塔西特（Tacite）到伏爾泰（Voltaire）以來的傳統，對「生成」、「事件」與「變化」這些概念及事實缺乏一種普遍與實際的反省，而是因為黑格爾（Hegel）、米什萊（Michelet）、普魯東（Proudhon）與馬克斯（Marx）的世紀把「生成」置於思考研究的中心：借用何南（Renan）的說法，十九世紀已使辯證法成為思考「生成」（而不再是思考「存在」）的特效工具了；同樣地，革命或進步的觀念，假定曾是人類社會進步的酵母，多虧了它們，生成的概念才不致如命運一般帶有被動承受之意，而是如同意志，具有主動自發的性質。就此而言，雨果的例子具有相當的代表性，因為既不像哲學家，為了反省必須在方法上採取距離，因而置身於歷史之

陳芳惠
法國里昂第二大學現代文學博士候選人，博士論文為《重複與憂鬱：談皮埃爾・讓- 儒夫的小說世界》。

外，也不像拿破崙（Napoléon）或俾斯麥（Bismarck）[2]那樣捲入歷史而被歷史所淹沒。雨果可說兩者兼具，既投身其所處時代的所有實務戰鬥，也在他相當漫長的文學生涯裡，參與了所有的理論思辯。

所以雨果的歷史哲學觀點散見於其作品，並貫穿其文學生涯的所有時代。如欲探討此一主題，理應面對他所有的著作，並將其就並列對比於當代至今的偉大歷史學家或思想家——如十九世紀的馬克斯或者當今的保羅‧里科爾（Paul Ricoeur）等。由於雨果的作品數量龐大可觀，我們不得不稍微獨斷並簡化地作一種選擇性的處理，也就是說我們只局部探討從1851年12月2日的政變到1859年寫完《歷代傳奇》這段時期。其間確實涉及詩人生活、思想與政治介入最動蕩不安的階段，即使這期間完成的作品雄渾飽滿，從容獨特：如《小拿破崙》（1852），《懲罰集》（1853），《沉思集》（1856），及《歷代傳奇》（1859）[3]。可見生活與作品相互辯證滲透，相反又相乘。這是因為對極度務實的雨果來說，歷史哲學與「事件」和「生成」緊密相扣；並非只是一種與世隔絕的沉思默想。

---

1. 十九世紀傑出的法國哲學家與歷史學家。其代表作品《基督傳》引起很大的爭論，研究工作大抵以基督教為主。
2. 德國十九世紀最偉大的政治人物，一八七一年裏佐普魯士王威廉一世統一了德國。
3. 限於篇幅，自然未能列出此時期寫成的所有作品。

先說1848年革命之後，路易－拿破崙親王（Louis Napoléon Bonaparte）當選為共和國總統。不料，1851年12月1日至2日晚上，一夜之間，帝國旋即取代了共和國，總統也就成了皇帝。許多政治人物紛紛逃亡，雨果便是其中之一。我們可說直到這天，詩人的政治態度一直相當曖昧，有時還難以理解，總之，前前後後有了不少轉變：從傳統保守派，歷經保皇黨人士及天主教徒，至採取共和思想，甚或在政變前不久還與路易－拿破崙過從甚密。

1851年的政變對雨果來說可謂晴天霹靂，或者至少如他的老友聖·伯夫（Sainte-Beuve）[4]在寫給雨果夫人信中所說的，雨果太過強調政變的歷史地位，將其意義提昇至時代甚或超乎時代的一種歷史準則（一種異乎尋常的偉大準則），簡直令人無法理解。雨果此舉只是為了提高自己的戰鬥地位，並賦與自己的挑戰一種宇宙和超人的氛圍。

與詩人的自我辯解相反，我們首先應該明白詩人的流亡並非由政變後的皇帝所勒令，而是一種個人的選擇。從1848年革命一開始，甚或是在1843年「城堡衛戍官」（Burgraves）[5]首演失敗時，雨果及當時浪漫派作家便賦與詩人指陳未來的使命，其功用就如當時畫家傑希科（Géricault）的繪作〈美杜莎船遇難記〉[6]中，那艘遠在天邊，微渺得幾乎看不見的白色帆船，帶給滿船筋疲力竭的乘客一點點的希望。然而詩人的看法畢竟一廂情願。如果我們繼續用傑希科的畫作來作譬喻，當時大眾卻視詩人為船難

的始作俑者，僅是些爛醉、不負責任的領航者[7]。

然而詩人也不應承擔所有的責任，我們必須明白詩人的流亡等於詩人為自己加冕（在拉丁文中，加冕同時有神聖與被詛咒之意），也就是說選擇從政治世界中撤離，雨果並非唯一。在接下來的年輕一代中，幾位赫赫有名的現代性思想的創造者與實踐者，也都毫無例外地有了相同的處境，成為心靈的流亡者，即使結局有所不同，福樓拜（Flaubert），波特萊爾（Baudelaire），勒孔特・德・李勒（Leconte de Lisle）和班維勒（Banville）也都積極擁護這種流亡的處境與意義[8]。

換句話說，「第二帝國」時期的法國文學（1850-1870）完全由此單一問題及其解決方案所建構而成。問題如下：與啓蒙時代相較，顯然面目一新的詩歌與小說，在浪漫時期被視如推動歷史前進的動力。同時扮演先知角色的詩人，其話語也就預示甚至孕育了未來，然而自1848年起，被外界指責缺乏能力的詩人

---

4. 十九世紀法國最傑出的文學批評家，曾是雨果的好友，後來反目成仇，也是雨果太太的情人。

5. 此劇一八四三年首演時，飽受大眾與批評界的責難。一般認為此次失敗標誌著浪漫時代的結束。

6. 傑希科此幅名畫理所當然地可視為當代歷史的寓意。

7. 關於此點，可參見筆者的另一篇文章，〈重覆與創新在一八五〇年的法國詩歌〉，《來日》（*Lendemains*），第二十八期，1982，14－22頁。

8. 可參考班威勒（Théodore de Banville）的《流亡者》（*Les Exilés*）

135

——小說家開始有了新的反省，自問除了小丑、雜技演員之外，他們還能扮演什麼角色？答案有二：第一個答案是雨果給的，其內容重點我們稍後還會再敘，在此我們先簡略言之。雨果認爲當時不正常甚至可說畸型殘酷的情勢將會有所改變，而且我們應該推動這種改變，這正是詩人重獲社會尊嚴之最佳時機。所以，在此期間應該投身於一場眞正的戰鬥，也就是推翻宣稱存在，其實並不存在的拿破崙三世政權。職是之故，有步驟、計畫的辱罵，抨擊乃勢在必行，逃亡於是也就無法避免。第二個答案是由生於1818年前後的一代所給予：詩人同時是身體上在場與精神上缺席。他可以扮演丑角，讓自己被判處不道德（波特萊爾和福樓拜同於1857年被判處刑，即是著名的例證）。實際上，他處於「潛在」的狀態：缺席是因他從不談論政治；在場，是因爲他僅僅只談論政治。這種具有矛盾性格的「積極的不參與」（non-participation active）可說是種公民的反抗，曾經被德國批評界詳細且長期地研究過，比如說班雅明（Walter Benjamin）就是一例：詩人說話，但他什麼也沒說，他「開玩笑」（波特萊爾的用語）。或者，反過來說，他表面上什麼也沒說，話裏其實充滿了意義。

　　既已說明當時的歷史背景和維克多・雨果在政治上的曖昧甚或欺瞞，現在應該試圖瞭解他如何透過危機（有眞有假）來醞釀發展他的詩作，並嘗試勾勒雨果如何平穩而準確地選擇了他自己的文學信念與風格。自《小拿破崙》與《懲罰集》之後，「寫作

即嘔吐」（l'indignatio）[9]成為詩歌書寫的原則，其所根據的並非革命而是反抗的精神。雖然有所矛盾，但適合當時詭譎多變的情勢，而尤其重要的是此種反抗原則與古典詩歌的功能決裂了；從今以後，詩歌不再是附庸風雅，歌功頌德的代名詞了。然而詩人剛剛採定這一立場，接著出版的，《沉思集》卻並未全然實踐這個寫作目標。除了後半部陰森可怖外，大半詩篇表達流露的彷彿是種逃避，重返一個曾經幸福的過去，即便後來發生了女兒溺水滅頂的錐心慘劇；也彷彿是種絕望的企圖，試著瞭解歷史（個人的或國家的）為何走到這樣的地步……。

其實，一直要到兩本互相對立卻又互相補充的作品出版後，雨果才真正找到了自己的聲音，即危機重重又安詳穩定，彷若歷史風暴中一個寧靜的片刻。這兩本書即是《歷代傳奇》（1859）和《悲慘世界》（1864）。前者是詩歌，一部有關人類歷史的詩集；後者為散文，一部描述悲慘人間的小說。在這之前，雨果的作品仍受出版商[10]和朋友的意見所左右，題材和風格上也豐富多

---

9. 在此我們影射拉丁詩人朱威納勒（Juvénal）的名言——「Indignatio facit versum」，並將之翻譯或解釋如下：「我寫作，並非為了讚揚優美與崇高，而是由於驚恐與厭惡；寫作即是嘔吐。」

10. 雨果的出版商艾瑞勒Hetzel希望詩人寫些小型史詩（petites épopées），以便為市場所接受，而不是那些連篇累牘，如〈上帝〉（Dieu）或〈撒旦的終日〉（La Fin de Satan）為了迎合出版商的口味，雨果於是給《歷代傳奇》加上一個副標題：《小型史詩》。然而實際上，詩集的大部分詩篇都多達五百多行，甚至有好幾首超過了一千行。

變，不一而足。

　　而現在我們就要專論《歷代傳奇》這部既失敗又成功的作品。失敗，是因為詩集裡所表達的，全都以散文體重寫在《悲慘世界》裡，小說中把主角尚・瓦勒尚（一譯「冉阿讓」，雨果的化身）搬上歷史舞台，這是詩集中所沒有的。成功，則是因為雨果在詩集中以一種牢不可破的方式，把一種脆弱卻合情合理的思想結構聯結到一類詩歌藝術，而此詩歌藝術本身則是一種思考無法思考的努力。這種歷史的定義，或許也可以是十九世紀一些歷史學家曾經概括性解說過的一個觀點：歷史研究是一種無法思考的思想。體例上，詩集大多由長短不一的亞歷山大體集結而成，詩與詩間關係獨立，互不從屬；內容上，則敘述各類傳奇，或人物或事蹟，一種人類發展演變的歷史傳說。

　　因此必須附帶說明基本上是三個分開進行的寫作階段（雖然偶爾同時發生，或者有時輪流交替）。逃亡期間，自詡等同於其他的流亡天才，比如歐維德（Ovide）和但丁（Dante），雨果在《沉思集》中回顧了早期的生活，就如作者在前言中所宣稱的，本書描述的是一個靈魂的歷史。而在《歷代傳奇》中則以豪放宏偉的史詩描寫人類群體的歷史。更在波濤洶湧的歷史浪潮裡，擺進了一位主角；天生注定無能，從未能掌握其處境，就是《悲慘世界》裡的可悲可鄙之人。筆者還可以再舉例說明，完成於1864年的《莎士比亞論》，與其看成是對一位偉大劇作家的研究心得，還不如視為一種嶄新的詩歌藝術體裁。作者在書中尋求建

立一種同時具有嘲諷自謔與剛健強勁雙重性格的語言：嘲諷自謔，即便天才如莎士比亞，在歷史之前，人的命運終究恆河沙數；剛健強勁，則是雨果早在〈林神〉（Le Satyre）一詩中（是《歷代傳奇》的代表詩篇）就已駕輕就熟的文體風格。

　　不過還是言歸正傳來談 1859 年完成的詩集。書中首先詰疑詢難的，是「歷史」與「進步」的問題，也就是說人類的歷史並非是自野蠻而文明，循著無限進步的康莊大道邁步前行的。「進步」一詞，除了在序言中以嘲諷的手法被提及外，便迅速地在詩集裡消失無蹤。直到最後幾篇，詩人才明確肯定地用「烏托邦」、「不實在」等意涵來定義「進步」這一觀念：是人類想像世界中一個譫妄的執迷，究其實，只不過反映了人類對美好事物的無限渴望罷了（見〈遠空〉（Plein Ciel）及〈審判的號角〉（La trompette du jugement）[11]。接著，便是全書的精華所在：歷史彷如一團理還亂的麻線團，超乎人的理解與駕御，時而光明美善，時而醜陋殘暴；生死交替，正邪難分，無止無盡地重複著一齣缺乏邏輯、晦澀難解的戲碼（〈國王節〉〔Le Jour des rois〕）。

---

11. 應該注意雨果在此點上所呈現出的集重面向：一方面，雨果也頌揚「進步」，即使此觀念本身仍是個問題，有待探詩；另一方面，雨果被第三共和利用並神化，成了世俗（即非宗教之意）社會的聖父。而這兩者之間並沒有什麼實質的關連，可參考當代哲學家何努威（Ch. Renouvier）對此傑出獨特的見解〈進步的法則〉，見於《哲學家雨果》一書。果朗出版社（A.Colin），1900。

139

被歷史上不斷出現的因殘惡暴所折磨，雨果執意想要瞭解人類奇蹟的來龍去脈，即歷史上光明美善的一面，如何不可思議地降臨人間，於是在詩集裡便多所著墨。舉例來說，〈林神〉（Le Satyre）一詩中的主角沙提爾（Satyre）是怪誕滑稽的象徵，詩人描述這位半人半羊神如何顛倒世界，一步步地在崇高優雅的眾神前本樹立了自己的威望，並使奧林匹亞山上的諸神淪爲一群晃動的幽靈。另外，也分別在〈大海〉（Plein Mer）及〈遠空〉（Plein Ciel）兩詩中，通過象徵比喻，敘述國家這艘充滿邪惡殘酷的大船，卻奇蹟般地駛出海上風暴，幻化成爲一只輕盈的空中飛船（aéroscaphe）[12]，漫遊於無邊的星際間。最神奇的是〈蘇丹・慕哈德〉（Sultan Mourad）一詩中的靈悟。殘暴不仁的慕哈德，竟然重拾童稚的天眞善良，就爲有天無意瞥見了一頭淌血不止的豬，身上滿是蒼蠅。這不經意的一眼竟改變了他的一生。

換句話說，《歷代傳奇》中的史學家反省的唯一主題是物理學意義上的事件，誕生，運動與片刻，也就是無限小，也就是產生現實的那瞬間，而現實在此是被無限的不大可能性所定義。在雨果的顯微鏡下，這個無限小，無限黑暗會無限變大。我們可借用米修（H. Michaux）的字彙來說，這個點狀物（punctiforme）會無限擴散，麇集成群，有如迅速繁殖，雜亂無章的處女林；而擴散繁衍的過程不僅奧妙難解，甚且充滿矛盾，比如說生命來自死亡。所以說雨果的詩告訴我們快樂與光明相當短暫（或者僅僅只是幻影），災難與痛苦卻是人生中無法逃脫的詛咒。而雨果的

時間觀則具雙重性：一方面，它是什麼也無法改變、解決的重覆；另一方面，它是一種意外，是拿破崙和斯湯達爾（Stendhal）所說的「時勢」（circonstance）。在此，來自物理學和一切理性推敲的歷史法則是永遠無法解釋這種歷史突變的，因為它們只記錄理解過去所重複發生的。總而言之，可用巴斯卡（Pascal）所提出的「偶然的幾何學」來解釋這一現象，用現代術語說則是「或然率」。對雨果來說，這兩個詞彙都可以作為歷史的另類定義，只要把「或然性」（亦即「可能性」）改成它的相反詞──「不大可能性」。歷史，簡而言之，就像照相機中的暗箱，在那兒，現實世界中我們習以為常的符號象徵，都沒有單一穩定的意義，一切都在改變，或者顛倒相反，或者混亂無序。

但不要因此遽下結論，認為雨果是非理性的信徒，因為非理性主義者可能對一切超出人類經驗理解之事物採取放棄和宿命的態度。歷史彷若神學研究上提及的「神祕難解之謎」（mystère），面對它，雨果就像陷入征戰的將軍，目睹，決定及行動都必須在同一片刻、同一動作裡即刻完成。不管是歷史反思，還是詩歌創作，雨果都向我們展示了一場精采的個人秀：一場充滿矛盾的自發性表演。先談歷史反思：比如在〈馬圖斯公爵的軍團〉（Le Régiment du baron Madruce）中，他構思了一套反

---

12. 當時還未發明飛機，空中飛船（aéroscaphe）乃雨果及幾位當代人的想像物。

辯證法，說明歷史並非如黑格爾所預言的，遵循正反合之辯證法則演變前進。比如瑞士人反抗奧利地奴役統治的抵抗運動，雖然解放了瑞士，卻反過來製造了新的奴隸狀態[13]。這也等於說，1789年的革命也陷入了同樣的弔詭；本質上是解放性質的革命行動，究其底蘊卻含有奴役與控制的因子。

　　特別值得一提的是雨果的詩歌創作預示了保羅‧呂格爾的一些分析觀點，並且毫無疑問地超越了後者[14]。歷史記敘與歷史本身的區分不見了，雨果的歷史哲學擺脫了辯證法的束縛，完全拋棄敘述、結構和線條的觀點，而完成了一種具有實體感、色彩感與深度感的詩歌體例。此種詩歌體例可與德拉克洛瓦（Delacroix）的繪畫技巧互相呼應，或許也可以將之比擬於二十世紀頗具爭議性，但具代表性的繪畫運動──「單色畫」[15]。歷史經驗，不論對平庸如我者，還是對學有專精的歷史學家來說，都與悲戚晦暗的經驗混淆不清了。歷史舞台已成了各種形式不斷分裂消解的場域，借用現今流行的套語來說，便是帝國末日，或者文化、思想體系解體之時；但不要忘了歷史舞台同時也不斷地上演著一些看不見的整合活動。暸解這些背景及觀點後，我們才能眞正論及雨果的詩歌：音節、格律完成了詩歌的基本架構，跨行、句首字等不規則手法則拆解了這個架構，無論如何，雨果的詩篇從未眞正完成。限於篇幅，筆者無法詳細舉證對雨果的詩作進行技術性的分析，來證明雨果是第一位使用這種形式手法的詩人。也就是說在雨果詩裏到處可見的亞歷山大體（法國古典詩歌體裁），到了

雨果手中，有了發展與突破，可說處於正在孕育誕生的狀態，或者，趨近死亡的階段：完成的與未完成的緊密相依，詩歌總是結束於未完成的狀態。

另外應該提及《歷代傳奇》的雙重背景：一是其書寫時代以及當時其他作家的時空背景；另外，則是它與《悲慘世界》經由對比原則所形成的特定背景。在此觀照下，本書的經驗與所獲致的成果可說決定性地影響了現代性種種問題的演變。首先，雨果拋棄了歷史傳統中對詩人的看法；過去，詩人聽命於社會規範，接受委託按件創作，類似於戲劇表演的承包商，如高乃依（Corneille）、哈辛（Racine）和莫里哀（Molière）等都是。同樣地，雨果也超越了詩人的另一個傳統看法，即詩人一先知的定義；既然象徵一個「民族的精神」（Volkgeist），詩人就不免困於國家與傳統的觀念，就不再是純粹的自己了。所以儘管雨果享有的榮耀光環，至今歷史少見，對他來說，詩人終究是個逃亡者，

---

13. 瑞士抵抗運動變質，往往被當時歐洲的專制君主當作反面教材，用以壓制人民的反抗。

14. 參見保羅・呂格爾的著作《言與行》（1986），《時間與敘事文》（1991）和《歷史與真理》（1995），瑟伊出版社（Edition du Seuil）。

15. 參見筆者有關雨果的另一篇文章《雨果的單色畫》，《澳洲法國研究學報》（Australian Journal of French Studies），第三十六卷，第三號，頁280－292。「潘神」的原文「Pan」在此乃為雙關語：一是指希臘神話中的潘神，二是在希臘文中「Pan」有全部、整體之意

賤民，被詛咒的人（猶如十年後魏爾倫所定義的），是個永遠唱走調的歌手，因為他自絕於規範，儀式與神話的世界。

再者，雨果同時在《歷代傳奇》與《悲慘世界》裡以劇力萬鈞的手法描繪了一段沒有行為者的歷史，或者一段行為者與其行動呈斷層狀態的歷史，以致我們可以大膽地指出雨果眼中的歷史，就如同一系列自有其演變邏輯的事件，其發展是捲入其中的行為者所無法操控的。《悲慘世界》裏的尚‧瓦勒尚終其生永遠是個「可憐可鄙之徒」：有段時間，他自認並且讀者也如此認定，他已經成為一個高尚行善的布爾喬亞。然而事實是，即使行將就木，瓦勒尚終究仍是個受苦受難者。這就是人在歷史中的處境——受限於外物，受罰而勞役神形，承受命運所給予的，如是而已。所以說《歷代傳奇》中登場的人物從來不是英雄類型，我們可以簡單地將他們歸類如下：不是被暴君殘殺的無辜者（〈哈特貝爾〉／ Ratbert），就是在千鈞一髮之際，被奇蹟般地拯救的老實人（〈加里斯小王〉／ Le petit Roi de Galice 和〈艾維哈努士〉／ Eviradnus）。一群為數可觀的殘暴妖魔終日不停地向所有反抗者發動戰爭——如果我們可以把歷史上不斷重複的敲詐、掠奪、屠殺做戰爭的話，對這些暴君而言，一般戰爭中講究的策術謀略，只是些可笑的念頭。試問他們是歷史上的行動者嗎？不，只是一群畸形殘暴的劊子手罷了，完全沒有性格可言。總之，是一群愚蠢無知的怪獸而已。可見歷史上有一邊是無限的或然性，也就是說，什麼都有可能發生，歷史毫無章法可循，在此，歷史書

寫的可能性消失了。另一邊則是所有屬於創造範疇的極大的不大可能性，其在歷史中的真實性和或然率與前者可說完全相同。對雨果來說，歷史研究是對人類思想的一大挑戰，或者就像書寫《歷代傳奇》，便是接受這份挑戰。所以說〈林神〉置於詩集的正中間，扮演著樞紐的角色，並非偶然。異於傳統詩歌所描述探討的主題對象，在萬能的神之前，林神沙提爾毫不為意地伸展了卑微可鄙的身軀，儘管醜陋畸形，令人悚懼，比之於古典美學所稱頌的高雅優美，卻也毫不遜色。起初，牠的言行浮誇滑稽，全然不能引人注目；漸漸地，牠顛倒乾坤，成了宇宙萬物的象徵。至此，雨果的詩歌藝術與歷史哲學通感呼應，渾然成一體。

當愛神降臨
大地冥合　萬物皆得其所
諸惡歇息　天藍澄靜
一切皆能入詩！我是潘神
邱比特天帝！跪下

145

【附錄】：

　　爲了讓讀者更清楚明瞭《歷代傳奇》的寫作方法，筆者選錄了四首具有代表性的段落，每首摘錄之前並附以簡短的評論。

I.　詩集第一首詩〈夏娃本紀〉（Sacre de la femme）的開頭：女人誕生降臨的過程與女人分娩的行爲十分相似。生殖的行爲既是光明也是黑暗，彷彿掉進深淵再昇上天堂。

L'aurore apparaissait ; quelle qurore ? Un abîme

D'éblouissement, vaste, insondable, sublime ;

Une ardente lueur de paix et de bonté.

C'était aux premiers temps du globe ; et la clarté

Brillait sereine au front du ciel inaccessible,

Etant tout ce que Dieu peut avoir de visible ;

Tout s'illuminait, l'ombre et le brouillard obscur ;

Des avalanches d'or s'écroulaient dans l'azur ;

Le jour en flamme, au fond de la terre ravie,

Embrasait les lointains splendides de la vie ;

Les horizons pleins d'ombre et de rocs chevelus,

Et d'arbres effrayants que l'homme ne voit plus,

Luisaient comme le songe et comme le vertige,

Dans une profondeur d'éclaire et prodige ;

L'Eden pudique et nu s'éveillait mollement ;

Les oiseaux gazouillaient un hymne si charmant,

Si frais, si gracieux, si suave et si tendre,

Que les anges distraits se penchaient pour l'entendre ;

Le seul rugissement du tigre était plus doux ;

Les halliers où l'agneau paissait avec les loups,

Les mers où l'hydre aimait l'alcyon, et les plaines

Où les ours et les daims confondaient leurs haleines,

Hésitaient, dans le coeur des concerts infinis,

Entre le cri de l'antre et la chanson des nids.

II. 摘錄自〈國王節〉（Le Jour des rois）。雨果把解釋因果的邏輯法則，從我們所謂的歷中除去。因爲這種邏輯不但重複而且荒謬。雨果反對解釋性的歷史研究，追根究底，這種方法往往合理化了罪行。

Qu'est-ce que ce torrent de rois ? Pourquoi ce choix,

Quatre villes ? Pourquoi toute quatre à la fois ?

Sont-ce des chatiments, ou n'est ce qu'un carnage ?

Pas de choix. Le hasard, ou bien le voisinage .

147

Voilà tout ; le butin pour but et pour raison ;

Quant aux quatre cités brûlant à l'horizon,

Regardez : vous verrez bien d'autres rougeurs sombres.

Toute la perspective est un tas de décombres.

La montagne a jeté sur la plaine ses rois,

Rien de plus. Quant au fait, le voici : Navarrois,

Basques, Aragonais, Catalans, ont des terres ;

Pourquoi ? Pour enrichir les princes. Monasères

Et seigneurs sont le but du paysan. Le droit

Est l'envers du pouvoir dont la force est l'endroit ;

Depuis que le puissant sur le faible se rue,

Entre l'homme d'épée et l'homme de charrue,

Il existe une loi dont l'article premier

C'est que l'un est le maître et l'autre le fermier ;

Les enfants sont manants, les femmes sont servants.

A quoi bon discuter ? Sans cessions ni ventes,

La maison appartient au fort, source des lois,

Et le bourg est à qui peut pendre le bourgeois ;

Toute chose est à l'homme armé ; les cimeterres

Font les meilleurs contrats et sont les bons notaires ;

Qui peut prendre doit prendre ; et le tabellion

Qui sait le mieux signer un bail, c'est le lion.

III. 〈蘇丹‧慕哈德〉（Sultan Mourad）的節錄。歷史上最殘酷
的暴君之一慕哈德，竟因一頭豬而頓悟悔改，此舉推翻了傳
統歷史學的思考敘述邏輯。暴君的屠殺與對一頭豬動了憐憫
之情，兩件本質上南轅北轍的歷史事件在此卻有了相同的重
要性。

Le porc et le sultan étaient seuls tous les deux ;
L'un torturé, mourant, maudit, infect, immonde ;
L'autre, empereur, puissant, vainqueur, maître du monde,
Triomphant aussi haut que l'homme peut monter,
Comme si le destin eût voulu confronter
Les deux extrémités sinistres des ténèbres.
Le porc, donc un frisson agitait les verèbres,
Râlait, triste, épuisé, morne ; et le padischah
De cet être difforme et sanglant s'approcha,
Comme on s'arrête au bord d'un gouffre qui se creuse ;
Mourad pencha son front vers la bête lépreuse,
Puis la poussa du pied dans l'ombre du chemin,
Et, de ce même geste énorme et surhumain
Dont il chassait les rois, Mourad chassa les mouches.

149

Le porc mourant rouvrit ses paupières farouches,
Regarde d'un regard ineffable, un moment,
L'homme qui assistait dans son accablement ;
Puis son oeil se perdit dans l'immense mystère.
Il expira !

IV. 此乃〈林神〉（Satyre）的第四段，敘述林神沙提爾的家譜傳記。牠的發展歷史與現實世界可以通感，相互轉換。（所以說「牠的頭髮彷若森林」）。而且其創生法則，是擴散式的，如細胞之繁殖，無法以一般功能性原理來解釋。

Tout en parlant ainsi, le satyre devint
Démesuré ; plus grand d'abord que Polyphème,
Puis plus grand que Typhon qui hurle et qui blasphème,
Et qui heurte ses poings ainsi que des marteaux,
Puis plus grand que Titan, puis plus grand que l'Athos ;
L'espace immense entra dans cette forme noire ;
Et comme le marin voit croître un promontoire,
Les dieux dressés voyaient grandir l'être effrayant ;
Sur son front blêmissait un étrange orient ;
Sa chevelure était une forêt ; des ondes,

Fleuves, lacs, ruisselaient de ses hanches profondes ;

Ses deux cornes semblaient le Caucase et l'Atlas ;

Les foudres l'entouraient avec de sourds éclats ;

Sur ses flancs palpitaient des près et des campagnes,

Et ses difformités s'étaient faites montagnes ;

Les animaux qu'avaient attirés ses accords,

Daims et tigres, montaient tout le long de son corps.

雨果〈高城流寓—從我窗裡所見〉，1856

雨果的時代

關於雨果兩百週年紀念

Anne-Marie JUMEAU　著

陳素麗　譯

　　本人並非雨果專家，此次能受邀前來台灣演講「關於雨果兩百週年紀念」（A propos du bicentenaire de Victor Hugo），深感榮幸。本人不敢說能為雨果研究帶來新的突破性見解，但期能覓得幾位知音，分享我對這詩人之喜愛。

　　本人想透過雨果所處的那個時代與整個歷史上的重要性，以

JUMEAU, Anne-Marie（作者）

1943年生，法國巴黎高等師範學院畢業。巴黎索邦大學法國文學碩士。法國古典文學教師特考及格。曾在法國中學、大學任教十三年。現在法國 Melun 社區大學教授法國古典文學。作者的夫婿為 Alain JUMEAU，現任巴黎索邦大學英國文學系主任，渠夫婦兩人曾於2002年3月間應邀訪問台灣。
〔譯者〕陳素麗（女），台北市人，台灣大學外文系畢業。法國里昂第二大學電影碩士。法國巴黎索邦大學（巴黎三大）電影博士先修班畢業。

陳素麗（譯者）

台北市人，台灣大學外文系畢業。法國里昂第二大學電影碩士。法國巴黎索爾本大學（巴黎三大）電影博士先修班畢業。

及「第三共和」時期非教會學校教師對其傾心推崇之現象，來探討雨果此次兩百週年紀念的意義。同時探問一下在今日社會，這位大文豪是否還有其影響力，而對現代人而言，他又傳達出何種訊息？

雨果生於1802年2月16日，1902年的百年誕辰紀念由「第三共和」政府為這位被視為其奠基始祖舉辦了維持一星期的慶祝活動。而1985的百年冥誕紀念，出版界還趁勢推出雨果平價版全集十五卷。

雨果本人對於日期與紀念活動一向都相當重視。一般人認為數字日期過於明確而且音律不易入韻，但雨果卻在其詩作裡刻意加入這向來不入詩體的數字，而且還擴衍成詩體語彙。《沈思集》（*Les Contemplations*），這自傳性文集就繞著他女兒逝世的日期推演，這日期就是中心詩作的主題與唯一內容：1843，9月4日，之後就是一連串的刪節號。還有一篇小說名為《九三》（意指1793年）。再者，雨果也不忘配合重要紀念活動：如巴爾扎克（Balzac）葬禮上的感人致詞，甚至公開宣稱這位不被文評界看好但受大眾歡迎的作家為「天才」；他亦親自參與了伏爾泰（Voltaire）的百年冥誕紀念。

回顧他一生，我們可看出重要日期及歷史時間對他極為重要。我們在此根據幾個重要歷史時刻將他的一生劃分為三個主要階段。

第一個時期，他是個保皇派及正統派，認同當權者、當時的

觀念價值與社會秩序。

經歷法國大革命，法國人民似乎感到生命重生，歷史改寫：在夏多布里昂（Chateaubriand）著名的《墓畔回憶錄》（*Mémoires d'Outre-Tombe*）中即多所著墨。浪漫時期一代，也就是繆塞（Musset）筆下的「世紀之子」，其父母雙雙親身經歷這段歷史，而他們就在這樣的歷史背景下成長。雨果則透過1830年6月著筆的《秋葉集》（*Feuilles d'automne*）中的詩作，做了最佳的見證。

如果有個兩百週年紀念日是所有法國人及認真的讀者都無法忘記的，那就是這個紀念日。也許我們記不得雨果生於2月26日，但我們絕不會忘記是誕生於1802年。

雨果亦在詩作中頌揚其母親，給了他「兩次」生命。一如夏多布里昂，出生之初，世局混亂，彷彿已死。他填寫了一首頌揚母愛的讚歌，直至今日，法國小朋友還能朗朗上口。

此詩作中，雨果將天主教中的聖餐分享與麵包增生轉換到自然非宗教的層面，受到法國公立學校老師們的歡迎。透過此詩作，還可看出雨果所處的時代背景及整個歷史演變，拿破崙時期權力轉移，由「執政府」（斯巴達代表）到稱皇掌權（羅馬代表）。而雨果出生地柏桑松（Besançon）16到17世紀受西班牙屬荷蘭統治，這份西班牙淵源彷如命運註定，因為接著九歲的小維克多就在1811年隨著母親到馬德里與當時在西班牙為拿破崙征戰的父親會合。隨後，父親受頒伯爵爵位。這段時間，他與其他

兄弟們在西班牙就學，學會了西班牙文。此後創作，西班牙一直是他的靈感泉源，劇作：《歐那尼》（*Hernani*）與《呂伊‧布拉斯》（*Ruy Blas*），詩作：〈公主玫瑰〉（La rose de l'infante, *Légende XXVI*）或〈佳立斯小國王〉（Le petit roi de Galice, *Légende XV, 2*）均可從中窺出端倪。

《歷代傳奇》中有篇歌頌父親的詩作，與另一篇頌揚母親的詩作正巧成對呼應。提到父親英勇挺拔的身姿，溫和寬厚的個性。戰場上為敵方傷兵送上水，傷兵趁機開了槍，子彈擦身飛過，軍帽震落，馬兒怯退；但這位英雄臨危不亂，雄厚的聲音吩咐下屬給他水喝。諸多學生都記得這段詩詞，一個受人敬愛的父親形象，還有那與敵人交兵時的寬容仁厚。

雨果曾透過詩作解釋其保王立場的由來是源自母親一方；而父親在他的筆下是位英勇的老士兵。雨果鮮少提起父親在投入拿破崙麾下，曾為共和效過命。而他本人的政治立場，先是傾向保王主義，反革命；隨後轉向支持拿破崙王朝，最後投入共和之路。針對雙親不合的部分，雨果倒是隻字未提，他與兄弟們還因此住了四年的寄宿學校（1814-18）。

所以，雨果的作品不單是個人自傳性強，同時亦融入時代大歷史之洪流。在成為異議份子，孤獨流亡之前，雨果也曾是一個充滿野心，渴望功名利益，遊走上流社會的一員。復辟王朝時期，雨果便開始飛黃騰達，十七歲就才華洋溢，夏多布里昂稱他為「神童」（enfant sublime），而他自己也聲稱：「如果做不成夏

157

多布里昂，那就什麼也甭做！」1820年，國王路易十八重賞他一首〈貝里公爵哀悼頌〉（Ode sur la mort du duc de Berry）。二十三歲時榮獲榮譽勳章並應邀觀禮查理十世在蘭斯（Reims）的加冕典禮。隨後進入皇室，成爲宮廷養士，每年詩作不斷，文名漸起：《頌歌與敘事詩》（*Odes et ballades,* 1822-1828）、《東方集》（*Les Orientales,* 1829）、《秋葉集》（*Les Feuilles d'automne,* 1831）；還有小說《布格一雅加爾》（*Bug-Jargal,* 1820-1826）、《死囚末日記》（*Le dernier jour d'un condamné,* 1829）、《巴黎聖母院》（*Notre-Dame de Paris,* 1831）；戲劇作品《瑪麗蓉·德洛爾墨》（*Marion de Lorme*）則因觸怒國王路易十三而在1829年遭禁。1830年，政權移轉，雨果的戲劇創作空間，因而無限延伸。同期，結識了數位藝文界好友：維尼（Vigny）、拉馬丁（Lamartine）、戈蒂埃（Gautier）、德拉克洛瓦（Delacroix）、聖·伯夫（Sainte-Beuve），與奈瓦爾（Nerval）。與其中幾位，雨果準備了一個漂亮的反擊行動，自詡爲戲劇浪漫運動的領導人，他於1830年推出著名的「歐那尼之役」（Bataille d'Hernani），氣勢磅礡，深獲好評。1831年，《瑪麗蓉·德洛爾墨》解禁，得以上演；但隨後《國王取樂》（*Le Roi s'amuse*）再度觸礁。也是在劇場，他認識了愛情的第二春，茱麗葉特·德魯埃（Juliette Drouet）在他的戲裡演個小角色，兩人相識於2月16日，雨果年年慶祝這份愛情的新生紀念日。

　　除了文學創作外，雨果很早就對報導與評論感興趣。1819

年12月，他與其他兄弟們合創《文學保守者》（Le Conservateur littéraire）雜誌。一直到1821年3月，雨果幾乎都是獨立完成所有報導文稿。他很喜歡旅行，尤其是與朱麗葉特的年度旅行，經常將旅途感想插畫寄給親友。這些遊記也曾出版過，如1842年的《萊因河》（Le Rhin）。透過這些文稿，可窺見雨果報導文學的功力。1837年，哥哥尤金（Eugène）過世，維克多繼承子爵頭銜，與奧爾良公爵來往頻繁。多次嘗試進入法蘭西學院，不果，終於在1841年獲提名院士，奧爾良公爵與公爵夫人前來觀禮。1845年，雨果升為貴族爵位。在與書商談妥版稅後，名利雙收，移居孚日廣場上的住所，如今已改為博物館。當年他亦曾是路易・菲利普國王的座上嘉賓。

第二個時期，與「七月王朝」（Monarchie de Juillet）的末期時間相契合。安逸繁華的生活開始有了轉變。1843年秋，他與朱麗葉特在法國西南出遊，看到報紙上女兒女婿雙雙溺斃於塞納河的消息，晴天霹靂。兩年後，誹聞纏身。再者，「七月王朝」日漸衰敗，雨果自1847年就公開擁護逃亡中的拿破崙三世。一年後，路易・菲力普下台，雨果首先支持奧爾良公爵夫人攝政。有感於當時社會混亂，暴動頻傳，雨果推舉拿破崙三世重拾政權。但同時他選上巴黎眾議員，在眾議院內發表一連串演講，主張解救貧窮、教育普及（宗教與教育分離）、言論自由，1849年他還主持國際和平會議；也因此他對當權的拿破崙三世政府之惡勢作風，日漸不齒。他的兒子們因報社立場而遭牢獄之災，雨果

159

不顧自身危險，企圖解救；但1851年，他被迫開始流亡的生活。先是藏匿在比利時，隨後轉至英國澤西島，甚至拒絕1852年政府提議的有條件赦免。隔年，他著手出版《懲罰集》（*Châtiments*）詩作。同年，妻子在他的同意下為他立傳，傳記將於1863年出版。1855年，拿破崙三世訪英維多利亞女皇，隔天這位流亡人士即被逐出澤西島，被迫遷居鄰近的蓋納西島，繼續其流亡生活。

有些家人此時開始懷念起巴黎繁華的社交生活。但對雨果而言，這單純的小島生活，讓他遠離紛擾的巴黎，專心投入寫作。一位雨果專家曾將這段時期視為雨果再生，在父親過世及揮別法國上流社會後，此時雨果創作風格不變，詩作充滿預言神祕性。開始接觸靈媒預言者，與過世的女兒溝通，還通上很多偉人如但丁及耶穌；甚至還有與拿破崙一世的對話紀錄。他的一位朋友因此發狂，雨果這才停下這一切活動，但他對另一個世界所傳出的訊息還是很關注，聆聽大自然、星體、礦石、動物，認為「萬物皆有靈」。

「詩人的功用」不單是政治性亦是宗教性，指引人性。他自傳性詩作《沈思集》即是一例。作品以女兒逝世之日為中心，前三個部分為《往昔，1830到1843》，後三個部分為《今日，1843到1855》，結尾為《無限之際》。每首詩都有個日期，也許在內容、標題或結尾；但這些日期不見得真確，因為雨果會更改日期，以增加其重要性。例如他紀念亡女的詩作日期為1847年9月

3日，但手稿上完成的日期卻是10月4日；他將日期標爲9月3日是要紀念女兒亡故之日。

1859年《歷代傳奇》(*La Légende des siècles*)的第一部分出版，深受大眾喜愛。除了詩作之外，雨果已經三十年未碰小說，著名的《悲慘世界》於1862年推出，轟動一時，雨果名聲大噪。同期，雨果寫下不少劇本，整理爲合集《自由劇場》(*Théâtre en liberté*)。除了豐富的文字創作，雨果亦有不少繪畫裝飾性的創作，蓋納西島家的室內設計多出自他手，著名的《中國客廳》，目前移至巴黎孚日廣場家中，供大眾參觀。

第三個時期再度與歷史脈動契合。1870年，「第二帝國」落幕，雨果光榮返回巴黎。1871年對雨果而言，是悲慘的一年。兩個兒子之一夏勒因中風過世。他趕到夏勒定居的布魯賽爾處理繼承事宜，但因雨果收容動亂遭起訴的「巴黎公社」社員，而遭驅逐比利時；來到盧森堡女兒家，女兒因感情紛爭，精神失常，入院治療。1873年，另一個兒子死於肺結核。雨果因而返回蓋納西島，遠離一切，投入寫作。重拾革命小說《九三》(*Quatrevingt-treize*)，紀念雙親。文中支持革命，但也不嚴譴保皇黨人士。隨後選上參議員，他爲「巴黎公社」社員爭取大赦。支持新的共和政府，避免皇室再度崛起。

同時，新的詩作風格，處理親情主題。兒子查理留下兩個孩子，雨果細心照顧，享受兒孫之樂的同時，寫下諸多感人詩集，觸及兒童的主題，在此之前，文學創作中極爲少見。

161

　　這二十年的時間，雨果重新整理《歷代傳奇》，探討善惡之爭，光明黑暗之對立，充滿哲思詩意。1878年，中風後，文字創作驟減，但手邊未發表的手稿堆積如山，所以文字出版並未中斷。雨果是個極富道德感之人，1882年還上書維多利亞女王及俄國沙皇，力諫廢除死刑。生前最後拜訪了雕塑家巴托迪（Bartholdi），參觀即將運往紐約的自由女神像，雨果稱其為「自由天使」（L'ange Liberté）。

　　1885年過世，雖然雨果不願鋪張的葬禮，法國仍為他舉辦了全國哀悼儀式，將他永久葬在巴黎的先賢祠。

　　杜榭（Claude Duchet）稱這位詩人為「世紀之人」，是非常有道理的。這位詩人不單經歷同時也引導他那個時代的希望理想、奮鬥革命。而且雨果還自詡詩人的預言能力：我所說的話，會跨越世紀之隔。

　　如我們先前所提，二十世紀開始閱讀、欣賞及頌揚雨果，但批評的聲音也同時存在。例如紀德（Gide）回答他最欣賞的十九世紀詩人時：「唉！是雨果！」而考克多（Cocteau）則說：「雨果，這個瘋子還以為自己是雨果！」在馬拉梅（Mallarmé）優美的詩作與超現實主義之後，我們曾懷疑是否還有人會讀雨果的詩。知識分子認為他意念誇浮，學校對他的作品也不太信任，因為他愛國色彩及道德感過強。但一位當代的專家居伊‧羅沙（Guy Rosa）向我們保證雨果還是很受歡迎。1985年雨果百年冥誕，拉封（Laffont）出版社推出雨果全集，如今已經絕版。伽利

馬（Gallimard）出版社也重新出版他的詩集及《歷代傳奇》。他們向我們保證他的書相當暢銷，尤其是《悲慘世界》。根據努里西耶（François Nourrissier）的說法，《悲慘世界》是小說世紀中的小說，感人肺腑，震撼人心。

雨果的作品被大量搬上螢幕，改編為電視劇及音樂劇，也因此他名聲響亮，廣為人知。全世界根據雨果作品拍攝而成的電影至少已有六十部之多。諸多音樂作品都改編自雨果作品，例如維瓦第的部分樂曲；但雨果對某些改編作品並不甚滿意。最近大紅大紫的音樂劇《巴黎聖母院》，就是雨果作品的現代版，討論遊民的問題，這樣的改編方式相信也是雨果所料未及的；但這也許也是個機會，引起觀眾興趣，進而閱讀原作。這麼多改編作品也足以見證雨果作品的豐富性、戲劇魅力及人物塑造成功。我們也可以瞭解到為何雨果會如此受大眾歡迎，這點或許多少是因某些知識份子對他負面評價所致。

這麼豐富的改編作品，即使並非全是忠實改編，但也足以說明雨果在我們這個時代仍然有其重要性。

丹尼（Stéphane Denis）也提到：透過《悲慘世界》，雨果成為了雨果。並創造了文人——法國產物。

而《懲罰集》（選入 1999-2000 學年度的高中會考試題範圍）中著名的詩作〈終之語〉（Ultima Verba），描寫當時拿破崙第三當政，而雨果拒絕任何妥協，心中暗泣再也見不到祖國。這首詩到現在還留在很多人心中。

163

雨果作品中也表達了很多個人對人權與社會現象的看法。他希望能成立「歐洲合眾國」，打破疆界，廢除兵制，世界大同。當他捐贈給法國國家圖書館全部的手稿時，他甚至宣稱這機構將是未來「歐洲合眾國」圖書館的前身。

他指出周遭存在的不幸與悲難。著名的《悲慘世界》就對這群可憐的人投注無限的關懷，多少罪犯是受貧苦所逼，因忽視而就。雨果認為：「開創一所學校，就等於是關上一所監獄。」為此，他也極力反對童工，他對兒童這主題一向非常關心。小學生們可以讀到很多關於他們的主題的詩作，描寫學校生活苦與樂，當然還有其他更嚴肅的兒童主題，如《悲慘世界》裡那群流浪兒童，還有孤兒珂賽特（Cosette），受盡欺凌折磨。他也呼籲解除美洲及其他地方的奴隸制度。

自從十歲在西班牙親眼目睹死刑執行，而且同年母親的情夫，也就是他的教父被拿破崙判死刑，此後，他投入反死刑的陣營，年少的作品《死囚末日記》，就強烈質疑死刑的必要性。二十世紀，卡繆等文人繼續他的戰鬥，1981年10月，法國終於廢除死刑。當年的法務部長巴丹泰（Robert Badinter）今（2002）年3月14日在慶祝雨果兩百週年研討會上發表了一篇雨果與死刑的文章。

雨果也支持女性，認為男女平等，應享有平等的公民權利，但這項請願也要等到二十世紀才能實現。充滿人道主義的雨果，積極參與，勇於表達，不愧是「行動派作家」。那他在藝術層面

上，在我們這個時代，是否還有立足之地呢？

他自稱是當代最懂法文的人。他對法國十二音節詩體，瞭若指掌，並加以修改，作品繁多，眾人熟知。但他的藝術新意也許還不止於對詩法的大膽改革，而在他《死囚末日記》裡的內心獨白。他是第一個如此表達的作家，同時他還大量使用普羅大眾的用語，開創新的文字風格。

韓波（Rimbaud）認為他有「先知」的能力，而一位當代文評也發現雨果的詩作裡已有後來「十四行詩」的影子。就這樣，雨果從淺意識中汲取無止無盡的藝術泉源，呈現出豐富的表達。早於超現實主義，與我們當今這個時代相契合；而他一些畫作也彷彿是心理投射的測驗，他一部分想像已經轉入淺意識層面裡。在他百年冥誕紀念活動裡展出了他的素描畫作〈墨點〉（la tache d'encre），現代藝術較當時的美學觀點更能欣賞這些作品。展覽名為「墨點太陽」（Soleil d'encre），運用作家的工具——紙墨，繪出光影世界，配合其詩句：「可怕的黑太陽，夜晚之源」。他還運用花樣模板、點狀及折疊方式，創造出不同圖案，透過這些自然形成的墨點，他再予以詮釋添加。

大海也是他的靈感繆斯，他喜歡狂風驟雨，人與大自然的對抗；岩石亦是他的靈感泉源，他認為石有石靈。他最令人震驚的畫作是老燈塔之作，結合對斷垣殘壁及海洋的愛戀。

我們因此可瞭解到雨果創作中的現代性，超越超現實主義的自動性文字描寫，而是將創作權交回文字手中，由文字本身來引

領；雨果對文字的敏銳度極高，發揮激發文字的無限魅力。

　　他喜歡爲他的人物取個別緻的名字，而且還有同名的畫作，所以很可能人物個性與名字是同時醞釀的。這點就有如當代詩人亨利・米修（Henri Michaux），詩作人物與畫作人物同時誕生。

　　這位多才多藝的作家，盛譽響遍國際。我希望即使透過一層語言翻譯，還能將我們慶祝雨果兩百週年紀念的概略理念傳達給大家。他的作品即使跨越不同時代，還可爲各種不同讀者群帶來新的啓發，可謂取之不盡，用之不竭。他在1850年就知道頌揚巴爾扎克的文采，在當時並未得到廣大迴響。今日，也許雨果有些過時，但這該是我們頌揚這位偉大文豪的時候。他那世界一家、文化愛好、詩人使命的特質將因我們對其傳達訊息的頌揚而圓滿昇華。

閱讀雨果及其時代

吳錫德

　　在此文明的鼎盛時期，只要還存在社會壓迫，只要還藉助法律和習慣硬把人間變成地獄，給人類的神聖命運製造苦難；只要本世紀的三大問題：男人因窮困而道德敗壞，女人因飢餓而生活墮落，兒童因黑暗而身體孱弱，還不能全部解決；只要在一些地區，還可能產生社會壓抑，換句話說，即從更廣泛的意義來看，只要這個世界還存在愚昧和窮困，那麼，這一類書籍就不是虛設無用的。

　　　　　　　　　　　　1862年1月1日於高城流寓
　　　　　　　　雨果（李玉民譯），《悲慘世界》，〈作者序〉

吳錫德

淡江大學法文系所副教授，《世界文學》季刊主編。巴黎第七大學歷史學士、碩士、博士。曾任記者、法文編譯、客座主編、系主任、法語教師協會理事長。著有：《認識新歐洲》、《旁觀者輕》、《閱讀法國當代文學》。譯有：《歐洲文明》、《塔尼歐斯巨岩》、《第一人》、《認識歐洲聯盟》、《文化全球化》。

167

一個半世紀前雨果寫下最足以代表整個十九世紀西方社會的寫本；也是最具曠世影響的鉅著《悲慘世界》（*Les Misérables*）。在今天看來並沒有過時；因為雨果當初寫作的批判：「男人因窮困而道德敗壞，女人因飢餓而生活墮落，兒童因黑暗而身體羸弱」，到二十一世紀的今天依舊並未全部解決！同樣地，他那如暮鼓晨鐘般的控訴，依舊震撼著每個世代的人，每一顆知識良心，每一顆主政者的良心（如果它還依然存在的話）！

雨果一生創作近七〇年，算是十九世紀最長壽且最多產（他一生創作達79卷之多；其中詩歌26卷、小說20卷、劇本12卷、整理、游記及其他21卷），又最具傳奇特色、最具影響的法國作家；也是當今全世界最著名的法語作家及「當代作家」（因為幾乎所有主要的人類語文皆繼續大量譯介他的作品）。今年紀念他誕生200週年，不僅是緬懷一位藝術創作者的卓越非凡的一生，也不僅僅是一場文藝史上的回顧展，而且一項不折不扣的認同行動。因為「文學家雨果」留給後世太多超越藝術的反思與啟迪。

在人類精神文化領域裡，有一些傑出的人物，他們本身就構成了一些傳奇，構成了一些重大的文化奇觀，……雨果就在這樣一個層次上，他是人類文化史上一個輝煌的傳奇，一個令人讚嘆、令人眩暈的奇觀。作為精神文化奇觀，雨果是一個大寫的詩

人，一個亞里士多德的詩學意義上的詩人；不僅是詩人，也是劇作家、小說家、批評家、散文家。而且，最難得的是，他在所有這些領域，都是豐碩厚實的功績，都達到了登峰造極的頂點，高踞於今字打的尖端，僅僅某一單方面的成就已經足以構成一塊塊不朽的豐碑。（柳鳴九，2001：20）

　　時間回到一八八五年五月二十二日，法國第三共和參議院議長於會議伊始時悲痛地宣布：「維克多・雨果走了！這六〇年來激起世界的景仰和法國理所當然的自豪的人，走近了不朽的行列。…」噩耗頓時傳遍法國，法蘭西被淚水淹沒。人們決定替他辦一場盛大的國葬。他的靈柩停放在凱旋門拱廊下供人瞻仰。這座凱旋門是一度令雨果崇拜的拿破崙所建，但拿氏死時卻無緣享有此項殊榮。五月卅一日竟有近百萬人前來送葬，他的靈柩從凱旋門出發，將安頓在拉丁區的先賢祠（Le Panth on，即萬神殿，它是法國人用來紀念民族偉人的聖殿）。那裡原是一座希臘式的教堂，門楣上崁刻的字眼：「Aux grands Hommes, La partie reconnaissante.」（偉人們呀！祖國感謝您們！）正是雨果的詩句。著名傳記學家，也是法蘭西學院終生院士的莫洛亞（A. Maurois）在他的《雨果傳》寫著：「一個國家把過去只保留著帝王將相的榮譽，給予一位詩人，這是人類歷史上的頭一遭！」又說：「時間可以淹沒大海，但淹沒不了高峰」。雨果正是這麼一位「在文學上雄踞時空的王者」！

169

雨果及其時代

　　孤立地看待雨果在十九世紀法國文學史上的作用或影響，或特別凸顯雨果的代表性及其對後世的啓迪，從許多角度而言都是不公允的。首先，雨果必然受到其所處時代的孕育，其同代人及社會也必然影響他的思考與創作。其次，若沒有法國十九世紀那般波濤洶湧的政局與動盪不安的社會及生存條件，甚至雨果本人暴起暴落的一生、顛沛流離的生活，雨果可能就無法創造及描繪出如此瑰麗的世紀圖像。

　　雨果的一生可說經歷了法國歷史最爲動盪的時代。他出生那年（1802）法國大革命才甫告歇息不久，但並未就此結束。另一場更激烈的動盪正在醞釀著。再者，從其父母的身上，雨果早早就繼承了一股「革命vs.保王」的歷史對立。在八十三年的歲月中他見證（還親自參與其中）了五場政治劇變（變更政體）：拿破崙稱帝（包括他的潰敗）、復辟（包括它的白色恐怖及人民抗暴）、第二共和、第二帝國、及第三共和。其中有帝國的專政、有潰敗、有肅清異己、有革命的血腥、有戰敗的恥辱等等。雨果自己一生的政治立場也像一場走馬燈那樣，變幻得令人目不暇給。他自己乾脆給自己多變的立場做了個清單：「一八一八年是保王派；一八二四年是自由主義保王派；一八二七年是自由派；一八二八年是社會主義自由派；一八三〇年是社會民主自由主義

派;一八四九年是社會民主共和自由主義派。」（引自Benichou,
1988:330）事實上,從一八五○年路易‧拿破崙稱帝,他被迫流
亡海外起,就已經千徹萬徹底底的左派共和主義的堅定信徒!

　　此外,十九世紀的前半葉也是工業革命與資本主義在歐洲深
根盤據的時代,在資本主義的推動下,工業革命如火如荼的展
開,不僅徹底改變了社會的物質條件,也推翻了一切既有的社會
秩序與價值;人的本性完全不加掩飾的暴露,人際的關係達到空
前的緊繃,社會的貪婪之風與權力的腐化達到空前高峰,上層的
失勢貴族與上升的資產階級相互拼鬥,下層的工農階層完全任人
宰制,成了犧牲品。人們對未來失去了信心,也喪失了目標與裡
想;在人謀不臧與天災連連之下,人民只好走上街頭、訴諸暴力
革命。社會中也出現許許多多批判與思想:社會主義、共產主
義、科學主義等等百花齊放。

　　這個時期的文化概況也反映了這種動亂與雜陳。從某個意義
上而言是開放了許多,知識也較先前普及了些。重要的是因爲先
前的「大遷徙」（因大革命與拿破崙大軍的征伐）,與外界的接觸
也增多。總之,十九世紀的法國人與前世紀的人已大不相同;他
們仍篤信宗教,多愁善感,耽於幻想、渴望改變生活環境。他們
的意識型態和審美觀念也有很大的不同。人們逐漸接受「浪漫主
義」的思潮。事實上,浪漫主義正是這個時期歐洲社會最大的文
化特徵,而雨果正是這場新文學運動的代言人。雨果甚至將這種
反抗現實、追求理想、張揚自我和贊頌自然的文藝解放運動稱之

爲「文學上的自由主義」以及「文學上的文藝復興」。

「浪漫主義」（Romantisme）一詞源於中世紀歐洲、由各地拉丁方言所寫成的「浪漫傳奇」（Romance）引申而來。在創作上，反對當時佔主導地位、主張墨守成規的「古典主義」以及「新古典主義」。強調應反映客觀事實，側重從主觀內心世界出發，抒發對理想的熱烈追求。常用熱情奔放的語言、或色彩、或音符、瑰麗的想像或誇張的手法來塑造形象。這股文藝及文化浪潮盛行於十八世紀末及十九世紀上半葉的歐洲。先由德國發聲（由歌德 / J. Goethe 與席德 / J. Schiller 首先提出），然後影響遍及西歐。各國依其不同的社會及知識背景，而有不同的表現方式。德國從哲學入手；主張唯心論，誇大主觀的作用，強調天才、靈感和主觀能動性，以及人是自在自爲的，絕對的，自由的。英國則從反對工業化、都市化發軔；出現傷感的詩歌和小說，哀悼農村破產、詛咒城市的靡爛歌頌大自然的幽美佳境等。法國則更早從政治層面著手；除提出政治革命議題外，更付諸實際行動，發動一場全民大革命。而在這場徹頭徹尾的「革命」裡，也連帶地將「古典主義」藝術清除乾淨。因爲，一則「古典主義」藝術本就是爲貴族階級而存，大革命使貴族四處流亡；再則大革命削弱了「古典主義」的教習與創作；三則當權的資產階級中出現了普羅趣味的暴發戶，他們反而較偏好「浪漫主義」裡那種天馬行空的想像力、摻揉的複合題材，和現實主義的深刻描述。

總之，這股「浪漫主義」思潮與表徵乃是不折不扣一項社會

時代產物，它與當時法國政治、社會、以及經濟條件的變化息息
相關。正是因為有了「這些社會條件才替浪漫主義的盛行提供了
肥沃的土壤，法國土產的中世紀文學中浪漫的遐想和形象，盧梭
（J.-J. Rousseau）那種感情奔放，個性不羈的風格和大自然的詩
化，才為十九世紀浪漫派文學所繼承；而略早於法國的德國與英
國的浪漫主義文學才有可能在法國產生難以想像的共鳴和鉅大影
響」（柳鳴九，2001：3）。

　　此外，雨果本人也直接受到其當代作家文人的影響。十四歲
之齡即已立志要當夏多布里昂（F.-R. Chateaubriand）第二。斯塔
爾夫人（Mme de Staél）、貢斯當（B. Constant）等幾位浪漫主義
的先導，還有同代的詩人好有拉馬丁（A. de Lamartine）、維尼
（A. de Vigny）、戈蒂埃（T. Gauthier），以及代表作家巴爾扎克
（H. de Balzac）、大仲馬（A. Dumas）、梅里美（P. Merimee）、繆
塞（A.de Musset）、聖・伯夫（Ch. Saint-Beuve）、奈爾瓦（Ch.
de Nerval）等等，還有稍晚的喬治桑（George Sand）、波特萊爾
（Ch. Baudelaire）…等等，彼此之間皆有過相互影響，砥礪激
盪。此外，雨果早年的小說創作深受英國浪漫主義歷史小說家司
各特（W. Scott）的影響，以及德國作家歌德的啟蒙。在詩作方
面，英國浪漫主義詩人拜倫（G. Byron）更是他的偶像。在劇作
方面，他視莎士比亞（W. Shakespeare）為天才（戲劇的天神），
不但身體力行創作莎氏風格的劇作，更將其引為理論基礎，發展
著名的《《克倫威爾》・序》這份被視為浪漫主義經典論著的作

173

品。在舉家流亡英國其間，還鼓勵其次子法朗朔・維克多翻譯《莎士比亞全集》，自己寫下一部「如史詩般、大海般的評論作品」《莎士比亞論》（1864）。總之，雨果可說也清清楚楚受惠於這種橫向影響的激盪。

「雨果時代」（l'époque hugolienne）

在歷史研究裡人們習慣於將具重大影響的歷史人物，為指出其活躍的時代，使用他（她）的名字來命名；如「拿破崙時代」－指的是拿氏當上「第一執政」至其徹底敗亡的時段（1799-1815）。而文學史上的「雨果時代」應是指其發表著名的浪漫主義宣言《〈克倫威爾〉・序》（1827）至其歿世（1885），這長達近六十年的藝術創作。雨果一生的創作不僅豐富多彩，且量大豐碩，並留給後世深刻影響。目前整理出的《雨果全集》中包括二十六部詩歌集，共約二十二萬餘行（佔其一生文字創作的三分之一），因而，在法國文學史上他是先以「詩人」被肯定的。十二部劇本、五部長篇小說，及數量龐大的文藝理論、政論、游記、甚至繪畫作品。

雨果藝術創作的一生同樣跨越許多「文藝時代」；從古典主義，進入浪漫主義，並銜接到現實主義，乃至逐漸萌芽的現代主義。為此，有人乾脆將十九世紀的法國文藝史視為「雨果時代」。誠然，其影響或特徵在十九世紀已十分彰顯。一八二九年

他出版《瑪麗蓉‧德洛爾墨》詩劇的序言裡，即表露心志，矢志要成為文學領域裡的查理曼大帝、拿破崙、或者像莎士比亞那樣的詩人。他並立下宏願，要讓自己成為「芸芸眾生的保護者，勞苦大眾的辯護者，社會問題的作家，法蘭西民族的良心」。而歷史證明，他確實能如願以償。而假以其對後世的影響，他更可堪稱「人道主義的精神典範」、全人類最珍貴的「文化資產」之一……

『雨果之所以能夠成為浪漫主義的領袖，〔…〕首先是因為他能跟上歷史的腳步，勇敢堅絕地和過去告別，永遠將目光投向未來；其次是因為他具有超凡的藝術天份和語言天才；他對自己的內心生活和社會現實都有特敏感的感受能力，對人類的歷史和命運抱著永不滿足的探求慾望。…（羅芃等，1997：218-19）

天才橫溢、精力充沛可說是對雨果最初步的印象，但其人格中的勤奮、有毅力、謙虛、好學、及樂於接受與借鑑他人長處，皆有助於他創造許多文學史上的奇跡。其次，他對行同道的雅量、氣度、善意與誠懇更是法蘭西民族史上所罕見。他絕少攻訐他人作品，大力提攜後生晚輩，譬如：不計嫌棄地推舉情敵聖‧伯夫為法蘭西院士、高度評價巴爾扎克、喬治桑的作品、移樽就教於波特萊爾…等等。

在藝術創作上，雨果首先被視為十九世紀最偉大的「詩人」

175

（紀德／A. Gide 語）。其詩藝可說是集大成者，不僅創作視野廣闊、內容豐實（甚至徹底將詩轉為「言志」的利器），其特徵在於豐富的詩韻、奇麗的想像、多彩的色調、並且能駕馭生動活潑的通俗用語，甚至將童言童語、頑皮話語引入詩歌。他是法國作家中擁有詞彙量是最多的一位，堪稱「詞藻王國之君」（柳鳴九，2001：47），其《懲罰集》（1853），可說是對普天下所有獨裁者（原書針對路易‧拿破崙）的怒吼與譴責。一八七一年「巴黎公社」期間，他還將售書所得捐贈鑄成大炮，用以反擊普魯士軍隊及法國鎮壓部隊的攻擊。其《沈思集》（1856）則是詩人最渾圓成熟的抒情，其《歷代傳奇》（1859，1877，1883）則是一部三部曲的曠世傑作，「意境開闊、氣勢磅礡、篇章瑰麗」，並且還融入繪畫美與音樂美……。

雨果雖堪稱「世紀詩人」，但其取得轟動性成功的並非來自詩歌，而是戲劇。在世界戲劇史上，雨果算不上是戲劇巨匠。然而，他卻是世界戲劇史上不可或缺的大人物；若沒有了他，世界戲劇史將有重大缺憾。雨果正是透過戲劇－這種直接訴諸大眾的藝術形式，發表其劃時代文藝理論「浪漫主義」，並讓自己充當起這場「新文學運動」的最重要旗手。他以莎士比亞為師法對象，透過《《克倫威爾》‧序》（1827）公開否定了古典主義裡的「三一律」以及其嚴謹、整齊、明晰的美學標準。主張採用豐富、自然、複雜的追求來替代。為此，雨果提出著名的「對照原則」，亦即「醜就在美的旁邊，畸形靠近著優美，粗俗藏在崇高

的背後，惡與善並存、黑暗與光明相共」。一八三○年所上演的那場「歐那尼之戰」乃是西方文藝史上最關鍵的一場文學革命。《歐那尼》這齣浪漫主義戲劇，一連四十五天在法蘭西劇院上演，那裡也成了浪漫主義挑戰古典主義戲劇的大戰場；其轟動與引人注意的程度一如正在巴黎政治圈裡上演的「七月革命」一樣受到民眾的關注。結果，以雨果為首的「第二文社」（成員包括：繆塞、大仲馬、諾地埃、聖·伯夫、戈蒂埃、納爾瓦等人）大獲成功。古典主義就此在法國奠定它的主流地位。這股新文學運動就此深刻影響到往後的文藝思潮。在雨果身上則以《城堡衛戍官》（1843）一劇的演出失利而告終。雨果也因此轉向政治，而文藝創作停歇了整整十年之久。

可能因為詩歌受制於語文轉換的困難度較高之故，法國「詩人雨果」在海外的接受上竟成了「小說家雨果」。如此也意味著雨果的小說創作同樣超凡出眾。他一生寫了五部長篇小說，可說部部經典，加上其他的中短篇，單單小說創作就達三百萬字之多。他的小說以社會內容為背景，以情節取勝，塑造出鮮明生動、真實深刻，且具持久印象的人物形象。一八六二年《悲慘世界》甫一發行，當時人在巴黎的雨果夫人寫信向流亡在蓋那西島的雨果描述出書的情景：「人人手上都拿著這部小說；其中的人物都變成了典型，為人們廣泛討論，這些人物的畫像出現在所有畫商的櫥窗裡；《悲慘世界》的廣告貼滿街頭巷尾⋯。」（敏風，2002：24）

雨果的小說往往以故事的複雜與情節的詭譎為經，以史詩般的時空背景為緯。早年的作品《巴黎聖母院》（1831），描述中世紀陰森黑暗的背景，揭顯專制暴政與教會黑勢力的迫害；流亡時期的作品《悲慘世界》（1862），以一個真實苦難的事件為藍本，繪製了一幅各社會階層場景，展現了法國一八三○～四○年代的歷史。《海上勞工》（1866），描寫一段生死交加的討海生活，以及感人肺腑的愛情情操。《笑面人》（1869），敘說的是十八世紀初英國的宮廷及社會背景，突出人物面惡心善的崇高情愫。《九三年》（1874），是以法國革命一七九三年這個充滿暴風驟雨的年代為題，如實表現革命與封建勢力生死搏鬥的血火場景。

在雨果的小說中，《悲慘世界》無疑是最震撼的一部。這部被譽為「十九世紀的小說」到二十一世紀的今天同樣受到極高的肯定。尤其透過改編劇作，單在英國倫敦，自一九八五年首映以來，已連續演出了五千場次，超過二千四百萬名觀眾！這齣戲還改編成十六種語言，在二十七個國家演出，估計至少已累進到四千萬名觀眾！（J. Gaudon，2002：45）。簡言之，這部曠世的小說就是雨果一生最有力的控訴，也是全人類（不分時空的人類）共同的心聲。雨果在寫給好友拉馬丁的信上就已經挑明這一點：

　　是的，一個容忍貧困的社會；是的，一個容忍地獄的宗教；是的，一個容忍戰爭的人類；在我看來是低級的社會、宗教和人類。既然人們可以希望，那麼我希望摧毀人類的宿命；我譴責奴

役，我驅趕貧困，我教育無知，我醫治疾苦，我照明黑暗，我痛
恨仇恨。我就是這樣的人，這就是我為什麼要寫《悲慘世界》。

　　除了詩、戲劇（及文藝評論）、小說，雨果的政治評論及游
記也同等可觀。但鮮為人知的反而是他在繪畫上的天份。雨果幼
年在西班牙就學之際即已展露繪畫天賦。之後雖未投身其間，卻
是一位名符其實的業餘畫家（據統計，他留給後世的畫作已多達
三千五百件！），他經常隨手作畫：速寫、油畫、甚至漫畫，尤
擅「水墨畫」（並且還創作了卅八幅的中國主題畫）。後來他的繪
畫天份才為畫家出身的戈蒂埃所欽佩，受到當時重要藝評家波特
萊爾的好評（一八五五年，波氏還直接將雨果與被世稱譽為「現
代繪畫之父」的德拉克洛瓦／E. Delacroix 相提並論）（程曾厚，
2002：4）。總之，雨果的繪畫與他的文學創作一樣，同樣蘊含
著許多驚喜與爆發力。一位現代藝評家（Michel Gall）甚至在雨
果的畫作裡找到了印象派、抽象派、超現實主義畫的風格與筆
觸。在西方繪畫史上，「雨果是十九世紀的邊緣畫家，卻是二十
世紀的前衛畫家！」（程曾厚，2002：12）

雨果與當代

　　雨果是一位相當宏觀且具世界觀的法國知識份子。他很早就
已接觸中國的文物。為此，他不僅做水墨畫、畫中國題材。寫

〈中國花瓶〉（副題爲「贈中國小姑娘易杭彩」的詩，還公開譴責英法聯軍火燒圓明園的劣行。

　　雨果（舊譯囂俄）作品中譯〈聾裁判〉最早始於一九〇一年，刊載在《小說月報》第四期（1901/04/10），譯者爲陳冷血。一九〇三年魯汛（筆名「庚辰」）透過日文譯本《哀史的片鱗》，節譯了《悲慘世界》（舊譯《哀塵》）的首卷〈芳汀〉，刊載在《浙江潮》（1903年第5期）。魯汛還附上一篇譯評寫道：「嗟社會之陷阱兮，莽莽塵球，亞歐同慨，滔滔逝水，來日方才！使囂俄而生斯世也，則剖南山之竹，令有窮時，而《哀史》報書，其在何日歟！其在何日歟！」同年，由蘇曼殊譯出比較完整的譯本《慘世界》，由上海鏡今書局出版，後來（1904）由陳獨秀加以潤飾並補譯了三回。不過，這個譯本比較屬於「譯述」，原先的部份譯文則已先在《國民日報》連載。一九〇六年翻譯大家林紓也與人合譯出《哀史》。而根據大陸學者錢林森統計，二十世紀的頭十年，雨果的作品共八次譯成中文，除陳冷血、魯汛、蘇曼殊外，還有周作人（平玄）、林紓、包天笑等人（錢林森，1995：143-168）。也就是說，雨果所代表的人道主義精神，很早即已爲中國彼時的知識份子所重視，而廣爲推介。這種情況甚至一直持續到中共政權建立的頭十年。文革期間，雨果也難逃否定之命運，直到一九七八年才又恢復譯作。大陸先出了他的譯詩集（1985），一九九八年更出了《雨果文集》（共二十卷，河北教育出版社）。台灣地區大部份的雨果譯作也都是直接由大陸輸入。

總之，單單以華文世界譯介《悲慘世界》迄今已達四十五版的熱烈情況，即可見其影響（見附錄中譯書目）。

不過，除開雨果在文學領域的深刻影響，在他棄世百餘年後的今天（尤其透過他200歲冥誕的「雨果年」活動），人們討論最多的，還是雨果的人道關懷及政治參與的精神。

> 我確定雨果永遠會對於那些誠心主張真正自由、睿智的自由、普世的自由、不分黨派的自由，以及務實的自由皆懷有好感，而不論其所採行的政體為何。這便是公民社會生活裡的思想及行動的自由。不過，如果我們確實感知到這種自由，雨果在法國將經常會是，甚至永遠皆是個反對者。（J. Gaudon，2002：45）

這是雨果的岳父比耶‧富歇（Pierre Foucher）對女婿一針見血的評價。正是出於這份天真與執著。他才輕信了路易‧拿破崙的選舉花招，相信他選前所出版的《貧窮的消滅》（*L'Extinction du paupérisme*），而大力支持他。結果換來了十九年的流亡生涯！不過，也正是因為他身上擁有這股正氣，才讓他成了終身的反對者；也讓他堅持不懈，終身與惡勢力搏鬥，而獲眾人愛戴及景仰。

雨果創作本身充滿人道主義的立場與感情，這是淺顯易見的。同時，有是因為這種人道關懷的思想與激情，才引起不同國

度、不同時代的人們沈刻的感動。反觀其政治參與與強烈主張藝
術家的社會責任（或稱之為「介入」），便成了達成其最終人道關
懷的一項「必要的手段」！

　　一八五一年六月十一日，雨果之子夏勒（Charle-Victor）時
任記者，因報導偷獵者遭砍頭極刑事件而遭判刑。雨果老爸親自
出庭為其辯護：『這種殘留的野蠻刑罰，這種古老不智以牙還牙
的律法，我終其一生均將與之搏鬥。法官大人們，只要我一息尚
存，我會盡一位作家的職責，全力奮鬥，付出一個立法者應有的
行為和應行使的投票權，去廢除死刑！我在這位被判處死刑的犧
牲者面前聲明（雨果高舉雙臂，並指著法庭上高懸的十字架基督
之肖像），祂注視著我們，聆聽著我們！』當時在場的人無不動
容…。（阮若缺，2002：63）

　　值得一提的是，雨果並非是一名虔誠的基督信徒，他這場振
聲發聵的雄辯，因為政治力的介入也沒能產生多大作用，夏勒依
然被判處六個月徒刑。而稍早他在議會所提案的廢除死刑也慘遭
滑鐵盧。同年十二月他因發表攻訐法國元首的政治抨擊小冊《小
拿破崙》而遭路易‧拿破崙通緝。十二月十一日，他只得喬裝逃
往比利時，展開他的第二個生命及流亡生涯！

　　就算雨果命定就是個「天生的反對者」，那是因為我們人類
社會確實永遠存有數不盡的不平與不公。雨果主張人權、婦權及
兒童權，就是要設法降低這種不平。雨果也深惡戰爭，他主張
德、法修好，主張「歐洲合眾國」也是基於這種人道主義的考

慮，或者稱之為「理想主義」吧！而這份理想，這位文學巨人彌留之際還念念不忘，他潦草寫下：「*Aimer, C'est agir*」（愛即行動）。而他先前所立下的遺囑的最後一句：「*我將闔起我在人世之眼；精神之眼將睜得偌大無比！*」

「二十世紀將是偉大的！」這是雨果式的預言，我們可能一笑置之；但我們絕對有權利期待二十一世紀將是偉大的！因為：

> 活著的人們就是奮鬥的人們；他們
> 臉上是精神抖擻，心裡是充滿熱忱，
> 崇高的使命要他們攀登險峻的山頂，
> 他們胸懷高尚的目標，沈思著前進；
> 不黑夜或白晝，他們在眼前只見到
> 某種偉大的愛情，某項神聖的考驗。
>
> （Victor Hugo）

參考書目：

Hugo, V., *Oeuvres complètes*, Paris: R. Laffont, 1985, 15 vols

Gaudon, J., *Hugo*, Paris: Ministere des Affaires Etrangeres, 2002

Maurois, A., *Olympio ou la vie de Victor Hugo*, Paris: Hachette

Benoit, D., *Littérature et engagement, de Pascal à Sartre*, Paris: Seuil, 2000

Brunel, P. et al., *Histoire de la littérature française*, Paris: Bordas, 1986

Hamon, Ph., et al. ed., *Le Robert des grands écrivains de langue française*, Paris: 2000

183

張秋紅等譯（柳鳴九主編），《雨果文集》，20卷，石家莊：湖北教育出版，1998

鄭克魯，《雨果》，台北：遠流，1990

柳鳴九，《走近雨果》，石家莊：湖北教育出版，2001

敏風，《凝視雨果》，上海：遠東出版，2002

程曾厚，《雨果繪畫》，北京：人民文學，2002

錢林森，〈雨果與中國〉，收錄《法國作家與中國》，福州：福建教育出版，1995

阮若缺，〈從《一個死囚的末日》看「雨果現象」〉，《當代》，No. 179，2000/07，頁60～65

陳思和，〈雨果及其作品在中國〉，《中國比較文學》，1997/04，，頁88～98

陳振堯，《法國文學史》，台北：天肯，1995

羅芃等，《法國文化史》，北京：北京大學出版，1997

http://www.victorhugo.culture.fr

http://www.victorhugo.education.fr

http://victorhugo.bnf.fr

http://www.diplomatie.gouv.fr/culture/victor_hugo

http://www.victorhugo.asso.fr

【附錄】雨果作品中譯書目

周筱琦／淡江大學法文研究所碩士生　輯

雨果著　張秋紅等譯，柳鳴九主編，《雨果文集》，石家莊：河北教育出版社，1998，20卷

一、《悲慘世界》

囂俄著　蘇曼殊譯，《慘世界》（*Les Misérables*），上海：鏡今書局，1903。

囂俄著　蘇子穀、陳由己譯（即蘇曼殊與陳獨秀），《慘世界》（*Les Misérables*），上海：東大陸圖書譯印局，出版年不詳，120頁。

預勾著　林紓譯，《慘世界》（*Les Misérables*），1906。

囂俄著　商務印書館編譯所譯，《孤星淚》（*Les Misérables*），上海：商務印書館，1907，307頁。

囂俄著　婓俞忽譯，《活冤孽》(*Les Misérables*)，上海：商務印書館，1923、1933，3冊。

囂俄著　方于、李丹合譯，《可憐的人》(*Les Misérables*)，上海：商務印書館，1929，1039頁。

囂俄著　柯蓬洲譯，《少年哀史》(*Les Misérables*)，上海：世界，1931、1933，147頁。

囂俄著　李敬祥譯，《悲慘世界（一名孤星淚）》(*Les Misérables*)，上海：啓明，1936、1937、1940，154頁。

雨果著　微林譯，《悲慘世界 第一部：芳汀》(*Les Misérables* T.1:*Fantine*)，重慶：自強，1944，2冊。

雨果著　徐澤人節譯，《銀燭台》(Les Miserables)，上海：商務印書館，1950、1951。

雨果著　李敬祥譯，《悲慘世界》(Les Miserables)，台北：啓明，1951，77頁。

雨果著　周光熙、岳峰合譯，《悲慘世界》(*Les Misérables*)，上海：國際文化服務社，1953。

雨果著　啓明書局編譯所譯，《悲慘世界》(*Les Misérables*)，台北：啓明，1957，77頁。

雨果著　李丹譯，《悲慘世界（1）：芳汀》(*Les Misérables* T.1:*Fantine*)，北京：人民文學，1958、1978、1988、1990，366頁。

雨果著　李丹譯，《悲慘世界（2）：柯賽特》(*Les Misérables* T.2: *Cosette*)，北京：人民文學，1959、1978、1988、1990，323頁。

雨果著　李丹譯，《悲慘世界》(*Les Misérables*)，北京：人民文學，1959。

雨果著　蘇曼殊譯，《孤星淚》(*Les Misérables*)，台南：文良，1966，182頁。

囂俄著　李敬祥譯，《悲慘世界》(*Les Misérables*)，香港：啓明，1966，154頁。

雨果著，《悲慘世界》(*Les Misérables*)，台南：西北，1968，89頁。

雨果著　遠景編輯部編選，《悲慘世界》(*Les Misérables*)，台北：遠景，1970，108頁。

雨果著，《孤星淚》(*Les Misérables*)，台南：西北，1971，89頁。

雨果著　李丹譯，《悲慘世界（1～2）》(*Les Misérables* T.1-2)，上海：文藝，1978年，2冊。

雨果著　鍾文譯，《悲慘世界》(*Les Misérables*)，台北：遠景，1980、1987，5冊。

雨果著　喜美出版社輯，《悲慘世界》(*Les Misérables*)，台北：喜美，1980，1冊。

雨果著，《孤星淚》(*Les Misérables*)，台北：五洲，1981，113頁。

雨果著　李丹、昕若合譯，《悲慘世界（節本）》(*Les Misérables*)，武漢：長江文藝，

185

1981，630頁。

雨果著，《悲慘世界》（*Les Misérables*），台北：黎明文化，1987，115頁。

雨果著　王振孫譯，《悲慘世界（簡本）》（*Les Misérables*），上海：上海譯文，1988，361頁。

雨果著　李丹譯，《悲慘世界（4）：卜呂梅街的兒女情和聖丹尼街的英雄血》（*Les Misérables* T.3:L'Idylle rue Plumet et l'épopée rue Saint-Denis*），北京：人民文學，1980、1988、1990，437頁。

雨果著　李丹譯，《悲慘世界（3）：馬呂斯》（*Les Misérables* T.3: Marius），北京：人民文學，1988、1990，310頁。

雨果著　李丹譯，《悲慘世界（5）：冉阿讓》（*Les Misérables* T.5: Jean Valjean），北京：人民文學，1984、1988、1990，343頁。

雨果著　劉自強注釋，《悲慘世界》（*Les Misérables*），北京：商務印書館，1990，315頁。

雨果著，《悲慘世界》（*Les Misérables*），台南：文國，1991，116頁。

雨果著　陶凡震譯，《悲慘世界》（*Les Misérables*），台北：遠志，1991，134頁。

雨果著　李丹、方于合譯，《悲慘世界》（*Les Misérables*），北京：人民文學，1992，1809頁。

雨果著　鍾文譯，《悲慘世界》（*Les Misérables*），台北：遠景，1992，1060頁。

雨果著　玖野譯，《悲慘世界》（*Les Misérables*），台中：三九，1995，75頁。

雨果著　劉瑞綿譯，《孤星淚》（*Les Misérables*），台北：帝尹，1997，44頁。

雨果著　李光遠譯，《孤星淚》（*Les Misérables*），台南：祥一，1997，131頁。

雨果著　楊玉娘譯，《孤星淚》（*Les Misérables*），台北：國際村，1998，183頁。

雨果著，《悲慘世界》（*Les Misérables*），台南：祥一，1998，95頁。

雨果著　李玉民譯，《悲慘世界》（*Les Misérables*），台北：貓頭鷹，1999，3冊。

雨果著　王馨卉譯，《悲慘世界》（*Les Misérables*），台中：三九，1999，126頁。

雨果著　蕭逢年譯，《悲慘世界》（*Les Misérables*），台北：志文，2000，163頁。

雨果著　李丹、方于譯，《悲慘世界》（*Les Misérables*），台北：光復網際網路，2001，3冊。

二、《鐘樓怪人》

囂俄著　東亞病夫譯，《鐘樓怪人》（*E sméralda*），上海：眞善美，1928，126頁。

囂俄著　越裔譯述，《鐘樓怪人》（*Notre-Dame de Paris*），上海：群學，1946，128頁。

雨果著　陳敬容譯，《巴黎聖母院》（*Notre-Dame de Paris*），上海：駱駝，1949，2冊。

雨果著　陳敬容譯，《巴黎聖母院》（*Notre-Dame de Paris*），北京：三聯，1950。

雨果著　宗侃譯，《鐘樓怪人》（*Notre-Dame de Paris*），台北：新興，1957，386頁。

雨果著　鍾斯譯，《鐘樓怪人》（*Notre-Dame de Paris*），台北：遠景，1980，294頁。

雨果著　陳敬容譯，《巴黎聖母院》（*Notre-Dame de Paris*），貴陽：貴州人民，1980，
661頁。

雨果著　陳敬容譯，《巴黎聖母院》（*Notre-Dame de Paris*），北京：人民文學，1982、
1994，574頁。

雨果著　鍾斯譯，《鐘樓怪人》（*Notre-Dame de Paris*），台北：遠景，1985、1986、
1992，294頁。

雨果著　王懷遠譯，《巴黎聖母院》（*Notre-Dame de Paris*），北京：商務印書館，
1986，189頁。

雨果著　管震湖譯，《巴黎聖母院》（*Notre-Dame de Paris*），上海：上海譯文，1986、
1989年，670頁。

雨果著　管震湖譯，《巴黎聖母院》（*Notre-Dame de Paris*），上海：上海譯文，1990，
445頁。

雨果著　潘麗珍譯，《巴黎聖母院》（*Notre-Dame de Paris*），杭州：浙江文藝，1994，
506頁。

雨果著　陳宗寶譯，《巴黎聖母院》（*Notre-Dame de Paris*），長沙：湖南文藝，1995，
274頁。

雨果著　管震湖譯，《鐘樓怪人》（*Notre-Dame de Paris*），台北：遠流，1996，2冊。

雨果著　但末麗譯，《鐘樓怪人》（*Notre-Dame de Paris*），台北：大步文化，1999，99
頁。

雨果著　李玉民譯，《巴黎聖母院》（*Notre-Dame de Paris*），北京：北京燕山，1999，
10, 447頁。

三、《九三年》

囂俄著　東亞病夫譯，《九十三年》（*Quatre-Vingt-Treize*），上海：有正，1913，1冊。

預勾著　林紓、毛文鍾合譯，《雙雄義死錄》（*Quatre-Vingt-Treize*），上海：商務，
1921，116頁。

囂俄著　曾樸譯，《九十三年》（*Quatre-Vingt-Treize*），上海：眞美善，1931，348頁。

雨果著　董時光譯，《九十三年》（*Quatre-Vingt-Treize*），上海：商務，1948，651頁。

雨果著　靜菁譯，《雙雄義死錄》（*Quatre-Vingt-Treize*），台北：新興，1958，325頁。

雨果著　鄭永慧編注，《九三年》(*Quatre-Vingt-Treize*)，北京：商務印書館，1964，180頁。

雨果著　鄭永慧譯，《九三年》(*Quatre-Vingt-Treize*)，北京：人民文學，1957、1958、1978，450頁。

雨果著　鄭永慧譯，《九三年》(*Quatre-Vingt-Treize*)，長春：吉林人民，1979。

雨果著　桂裕芳譯，《九三年》(*Quatre-Vingt-Treize*)，南京：譯林，1998，366頁。

四、《海上勞工》

雨果著　羅玉君譯，《海上勞工》(*Travailleurs de la mer*)，成都：四川人民，1980，436頁。

雨果著　陳樂譯，《海上勞工》(*Travailleurs de la mer*)，上海：上海譯文，1995，484頁。

五、《笑面人》

雨果著　魯膺譯，《笑面人》(*l'Homme qui rit*)，上海：上海文藝，1962。

雨果著　魯膺譯，《笑面人》(*l'Homme qui rit*)，上海：上海譯文，1978、1993，501頁。

雨果著　鄭永蕙譯，《笑面人》(*l'Homme qui rit*)，北京：人民文學，1979年，732頁。

雨果著　程學鑫、連宇譯，《笑面人》(*l'Homme qui rit*)，北京：商務印書館，1980，182頁。

雨果著　魯鷹譯，《笑面人》(*l'Homme qui rit*)，台北：遠景，860頁

六、其他

囂俄著　東亞病夫譯，《梟獌》(*Théâtre*)，上海：有正，1916，146頁。

雨果著　許淵衝，《雨果戲劇選》(*Théâtre*)，北京：人民文學，1986，719頁。

囂俄著　顧維熊譯，《囂俄的情書》(*Lettre à la fiancée*)，上海：商務，1935，305頁。

雨果著《囂俄情書》(*Lettre à la fiancée*)，台北：啓明，1956，76頁。

雨果著　顧維熊譯，《雨果的情書：給未婚妻的信札》(Lettre a la fiancee)，西安：華岳文藝，1988，196頁。

雨果著　白丁譯，《雨果情書選》(*Lettre à la fiancée*)，長沙：湖南文藝，1988，204頁。

雨果著　張政譯，《雨果情書》(*Lettre à la fiancée*)，南京：江蘇人民，1997，221頁。

雨果著　李健吾譯，《寶劍》(*L'Épée*)，上海：平明，1952、1954。

雨果著　李健吾譯，《寶劍》(*L'Épée*)，上海：新文藝，1957，138頁。

囂俄著　東亞病夫譯，《項日樂》(*Angelo, tyran de Padoue*)，上海：眞善美，1930，136頁。

囂俄著　張道藩譯，《狄四娘》(*Angelo, tyran de Padoue*)，上海：正中，1946，69頁。

雨果著　劉小蕙譯，《安琪羅》(*Angelo, tyran de Padoue*)，上海：外語教育，1983，88頁。

囂俄著　東亞病夫譯，《呂伯蘭》(*Ruy Blas*)，上海：眞善美，1927，257頁。

囂俄著　東亞病夫譯，《呂克蘭斯鮑夏》(*Lucrèce Borgia*)，，上海：眞善美，1927，172頁。

囂俄著　邱韻鐸譯，《死因末日記》(*Le dernier jour d'un condamné*)，上海：現代，1929，189頁。

囂俄著　黃峰譯，《鐵窗末日記》(*Le dernier jour d'un condamné*)，上海：長風，1949，108頁。

雨果著　李平漚譯，《死因末日記》(*Le dernier jour d'un condamné*)，上海：新文藝，1957，100頁

雨果著　東亞病夫譯，《歐那尼》(*Hernani*)，上海：眞善美，1927。

雨果著　陳瘦竹譯，《歐那尼》(*Hernani*)，上海：群益，1947，88頁。

雨果著　聞家駟譯，《雨果詩選》(*Poèmes*)，北京：作家，1954、1955。

雨果著　沈寶基譯，《雨果詩選》(*Poèmes*)，長沙：湖南人民，1985，353頁。

雨果著　聞家駟譯，《雨果詩抄》(*Poèmes*)，北京：外國文學，1986，301頁。

雨果著　張秋紅譯，《雨果抒情詩100首》(*Poèmes lyriques*)，濟南：山東文藝，1992，287頁。

雨果著　李丹譯，《珂賽特》(*Cosette*)，北京：人民文學，1979，95頁。

雨果著　畢東嶽注釋，《珂賽特》(Cosette)、《悲慘世界》(*Les Misérables*) 片斷，上海：上海譯文，1980，219頁。

雨果著　魯膺譯，《布格-雅加爾》(*Bug-Jargel*)，上海：上海文藝，1956，175頁。

雨果著　沈寶基譯，《葛洛特·格》(*Claude Gueux*)，北京：人民文學，1959，41頁。

雨果著　陳宗寶譯，《流浪兒》(*Gavroche*)、《悲慘世界》(*Les Misérables*) 片斷，，北京：商務印書館，1960年，78頁。

雨果著　柳明九譯，《雨果論文學》(*Textes sur la littérature*) 上海：上海譯文，1980，207頁。

雨果等著　程抱一譯，《法國七人詩選》，長沙：湖南人民，1984，140頁。

189

雨果著　沈寶基譯，《雨果詩選》，長沙：湖南人民，1985，353頁。

雨果著　沈寶基譯，《雨果抒情詩選》，江蘇：江蘇人民，1986，208頁。

雨果著　程曾厚譯，《雨果詩選》，北京：人民文學，1986，414頁。

雨果著　張秋紅譯，《雨果詩選》，上海：上海譯文，1986。

雨果著　聞家駟譯，《夜聽海濤》（*Une nuit qu'on entendait la mer*），北京：人民文學，1978年，178頁。

雨果著　紋綺編，《雨果妙語錄》，甘肅人民出版社，1988。

雨果著　程曾厚譯，《繁花似錦的五月:雨果詩選》，北京：人民文學，1988。

雨果著　劉方譯，《冰島惡魔》（*Han d'Islande*），北京：人民文學，1988。

雨果著　李丹譯，《伽弗洛什》（*Gavroche*）、《悲慘世界》（*Les Misérables*）片斷，北京：人民文學，1990年，162頁。

雨果著　林鬱編，《雨果語錄》，台北：智慧大學，1990，141頁。

雨果著　鄭克魯譯，《雨果隨筆　見聞錄》，上海：三聯，1991，236頁。

雨果著　上海文藝出版社編，《雨果小說故事總集》，1994，596頁。

雨果著　鄭克魯譯，《雨果散文選》，天津：百花文藝，1995，318頁。

雨果著　劉華譯，《萊茵河》（Le Rhin），石家莊市：花山文藝，1995，101頁。

雨果著　柳鳴九編，《雨果散文》，北京：中國廣播電視，1996，2冊。

雨果著　張秋紅譯，《雨果詩歌集》，石家莊：河北教育，1999，5冊。

雨果著　程曾厚譯，《雨果詩選》，北京：人民文學，2000，557頁。

雨果著　丁世忠譯，《威廉·莎士比亞》（William Shakespeare），北京：團結，2001，287頁。

資料來源：《漢譯法社會科學與人文科學圖書目錄》（清末至1993年），北京：世界圖書，1996。

全國圖書資訊網路：http://nbinet.ncl.edu.tw/screens/opacmenu_chia.html

　　　　　　　國立台灣大學圖書館：http://www.lib.ntu.edu.tw/

　　　　　　　北京大學圖書館：http://www.lib.pku.edu.cn/

雨果生平大事記

劉復生編撰

年	月	日	年齡	大事記	出版著作　發表評論
1802	2	26	出生	晚上十點三十分，雨果出生於法國東南部柏桑松市（Besançon） 父親Léopold-Joseph-Sigisbert Hugo（1773出生），母親Sophie Trébuchet（1772年出生），已育有兩子：老大Abel四歲，老二Eugène兩歲，雨果是第三個男孩。雨果父親是職業軍人，1802年期間曾離家隻身隨軍駐紮馬賽、科西嘉島（Corse）、厄爾巴島。	

劉復生編撰

中華民國教育部派駐海外文教工作人員，從事國際文教交流合作工作廿五年，曾先後派駐非洲、美國、澳洲等地。現任中華民國教育部駐法國文化組長。

191

年	月	日	年齡	大事記	出版著作 發表評論
	8	2		法國政教協議由拿破崙擔任終身第一執政官。	
1803			1	雨果及二個哥哥由父親攜帶隨軍赴科西嘉島駐紮，母親一人留在巴黎期間與父親上司Victor Lahorie將軍過往甚密。雨果雙親關係逐漸疏遠惡化，兩人分居。 英法戰爭再度爆發。	
1804			2	雨果及二個哥哥自科西嘉島返回法國，與母親搬到巴黎市內24, rue de Clichy地址房屋居住。	
	12	2		拿破崙在巴黎聖母院由教皇Puis七世加冕為法國國王，稱為拿破崙一世。 （另一說法係拿破崙自行加冕）	
1805	12	2	3	拿破崙在Austerlitz打勝仗，建立第一帝國。	
1806			4	雨果父親參加遠征那不勒斯（Naples）戰役，	

年	月	日	年齡	大事記	出版著作　發表評論
				之後赴義大利擔任 Avellino 省長。雨果父親忠勇盡職，獲拿破崙之弟 Joseph Bonaparte 賞識。 Juliette Drouet 出生（原名 Julienne Gauvain），成為日後雨果的情婦，伴其一生。	
1807	12		5	雨果及二個哥哥隨母赴義大利與擔任省長的父親會合。	
1808	6	4	6	拿破崙征戰西班牙獲勝，西班牙王讓位。 拿破崙之弟 Joseph Bonaparte 被其兄拿破崙一世立為西班牙王，雨果父親受命赴西班牙，升任法駐軍將軍司令官，駐紮馬德里。 雨果及二個哥哥隨母親回到巴黎。	
1809	6		7	雨果及二個哥哥隨母親搬家到巴黎市內 12 de	

年	月	日	年齡	大事記	出版著作　發表評論
				l'impasse des Feuillantines 地址房屋居住。	
1810	12	30	8	Lahorie 將軍因密謀反抗拿破崙在雨果家中被捕。 雨果父親又受Joseph Bonaparte 冊封爲伯爵。	
1811			9	雨果及二個哥哥隨母親赴馬德里與父親會合。雨果及二個哥哥在馬德里上貴族學校。	
1812	10	29	10	雨果及二個哥哥隨母親回到法國，在巴黎市內Feuillantines 原址房屋居住。 Lahorie將軍被槍決。	
1813			11	法軍在德國、西班牙戰敗。雨果父親自西班牙返回巴黎。	
1814			12	雨果父母協議向法院申辦離婚手續。雨果入巴黎Louis-le-Grand 中學就讀。	

年	月	日	年齡	大事記	出版著作　發表評論
1815			13	法國變成君主政體，路易十八出任國王。 雨果開始寫詩、喜歌劇及悲劇。	
	3	1		法軍在滑鐵盧戰敗，路易十八逃走，拿破崙被放逐 Sainte-Hélène 島。法國保王派大事屠殺革命份子，造成法國史上惡名昭彰之「白色恐怖」（La Terreur blanche），不久路易十八又返回巴黎。	
1816			14	雨果崇拜敬佩法國十九世紀初文學大師 F. R. de Chateaubriand，曾發誓言：「如果做不成夏多布里昂，那就什麼也甭做！」	
1817	8	25	15	雨果參加法蘭西學院 Académie Française 詩詞競賽獲獎。	雨果發表詩文〈Bonheur que procure l'étude dans toutes les situations de la vie〉獲

年	月	日	年齡	大事記	出版著作　發表評論
				雨果年僅十五歲，竟獲此殊榮，在學校、老師、同學及社會上造成轟動，法國文學界讚揚其爲法國文學未來之星。	法蘭西學院獎。
1818			16	雨果父母正式離婚，雨果及二個哥哥歸母親撫養。雨果參加物理競試獲第五名獎狀。雨果中學畢業升入巴黎大學法學院就讀。	雨果發表首篇詩文〈La Vierges de Verdun〉（凡爾登的童貞女），收在其詩集《Odes et ballades》中。
1819	12		17	雨果參加法國南部土魯斯花道學院（Académie des Jeux Floraux de Toulouse）詩文競賽獲頒第一獎「金百合花」獎（法國王室標誌）。 雨果與其二個哥哥Abel及Eugène創辦《文學保守者》（Le Consérvateur littéraire）。	雨果以詩作〈Les Vierges de Verdun〉參加比賽獲獎。

年	月	日	年齡	大事記	出版著作　發表評論
				雨果與 Adèle Foucher 小姐相戀私訂婚約（雙方父母均反對）。	
1820			18	雨果爲 Berry 公爵被暗殺死亡所撰輓歌〈Ode sur la mort du duc de Berry〉獲國王路易十八賞識，贈送五百法郎嘉獎。 雨果獲法國土魯斯花道學院聘爲院士（Académie des Jeux Floraux de Toulouse）。	出版第一本小說《Bug-Jargel》（布格－雅加爾）
1821	6	27	19	拿破崙在 Sainte-Hélène 島去世。 雨果母親 Sophie Trébuchet 病故。 雨果父親另娶 Catherine Thomas 爲妻。 雨果所辦《文學保守者》停刊。	
1822	10	12	20	雨果與阿黛兒（Adèle Foucher）在巴黎第六區 Saint Sulpice 大教堂結婚。	出版第一本詩集《Odes et poésies diverses》（頌歌與雜詩集），初版印行一千五

197

年	月	日	年齡	大事記	出版著作　發表評論
				雨果二哥 Eugène 暗戀阿黛兒，在雨果與她結婚當日精神崩潰，變成精神病，被送入瘋人院。	百本，雨果獲得版稅七百五十法郎，又獲國王路易十八贈送年金一千法郎。
1823	2		21	雨果第一個小孩（長男）出生，取名 Léopold-Victor，只活了三個月就夭折了。	出版小說《*Han d'Islande*》（冰島凶漢），國王路易十八十分欣賞，贈送雨果二千法郎。
1824	3	22			出版詩集《Nouvelles odes》（頌歌新集），內有詩 28 首。
	8	28		雨果第二個孩子（長女）出生，取名 Léopoldine。 國王路易十八逝世，其弟繼位，號稱查理十世。（統治六年至1830年）	
1825	4	23	23	法國國王查理十世頒授雨果「國家騎士級勳章」。	

年	月	日	年齡	大事記	出版著作　發表評論
	5	29		查理十世邀請雨果參加其在巴黎近郊Reims大教堂登基典禮。	
1826	11	2	24	雨果第三個小孩(次男)Charles-Victor出生。	出版詩集《*Odes et Ballades*》(頌歌與歌謠)。 小說《*Bug-Jargel*》再版。
1827			25	雨果創作詩劇《*Cromwell*》內有詩句七千多行，出場人物七十多人，作品龐大，無法在舞台演出。 雨果撰寫重要文獻《《克倫威爾》·序》提出對古典主義的批判，此文成爲浪漫主義的指導綱領而雨果本人也成爲浪漫主義的領袖。	發表詩歌《*L'Ode à la Colonne de la place Vendôme*》(旺多姆廣場圓柱頌歌)。 出版詩劇《*Cromwell*》(克倫威爾)。 發表文學論述《*Cromwell et sa préface*》(克倫威爾·序)。
1828	1	29	26	雨果父親中風病故。	發表劇本《*A m y Robsart*》。
	10	21		雨果第四個孩子(三男)François-Victor出生。	詩集《*Odes et Ballades*》(頌歌與歌謠)增版。
1829	2	26	27	雨果以四個月時間寫完小說《死囚末日記》。	出版詩集《*Les Orientales*》(東方集)。

199

年	月	日	年齡	大事記	出版著作　發表評論
				國王查理十世禁演《*Marion de Lorme*》，贈送二千法郎為補償，雨果拒絕接受。	出版小說《*Le Dernier jour d'un condamné*》（死因末日記）。出版詩劇本《*Marion de Lorme*》（瑪麗蓉‧德洛爾墨）。
1830	2	25	28	雨果詩悲劇《*Hernani*》在法蘭西劇院上演首日，古典派及浪漫派觀眾大打出手，但演出成功，雨果浪漫派文學在法國文壇佔了上風。日後此劇連續演四十五場。	
	8	24		雨果第五個孩子(次女) Adèle 出生。	出版悲詩劇《*Hernani*》（歐那尼）。
				雨果夫人 Adèle 與友人 Saint-Beuve 過往甚密，發生戀情。	
1831	1	14	29	法國各地共和黨與保王黨鬥爭激烈，暴動四起，社會動盪不安。	出版小說《*Notre-Dame de Paris*》（巴黎聖母院）或（鐘樓怪人），英譯：《*The Hunchback of Notre Dame*》。

年	月	日	年齡	大事記	出版著作　發表評論
	7	27		法國發生「七月革命」，人民推翻了查理十世，自由派人士推舉路易·菲力普（奧爾良公爵）爲國王，號稱路易·菲力普一世。	
	11	30			出版抒情詩集《Les Feuilles d'automne》（秋葉集）。
1832	6	23	30		出版詩劇《Le Roi s'amuse》國王取樂。（Verdi 歌劇 Rigoletto 取材此詩）。
	11	23		雨果詩劇《Le Roi s'amuse》因被法國當局認爲影射法國國王 François 一世與弄臣在王宮宴樂而下令禁演。	出版散文劇本《Lucrèce Borgia》（呂克萊絲·波吉亞）
1833	2	2	31	散文劇《Lucrèce Borgia》在聖馬丁劇場首演成功，頗受觀眾喜好，後續演出六十二場。Juliette Drouet 朱麗葉小姐擔任一小角色演出，雨果與其相識，建立以後親密關係。	出版散文劇本《Marie Tudor》（瑪麗·都鐸）。

201

年	月	日	年齡	大事記	出版著作　發表評論
	11	16		《*Marie Tudor*》首演，Juliette Drouet 擔任一小角色演出。	
1834			32		出版小說《*Claude Gueux*》（克洛德·格）。出版論文集《 *Littérature et philosophie mélées*》（文學與哲學論文集）。
1835			33		出版劇本《*Angelo, tyran de Padoue*》（巴都暴君安基羅）。
	10	27			出版詩集《*Les Chants du crépuscule*》（暮歌集）
1836			34		歌劇《*La Esmeralda*》（愛絲美拉達）首演。該劇由 Louise Bertin 作曲，歌詞採用雨果《巴黎聖母院》小說原著。
1837			35	雨果二哥 Eugène 在瘋人院裏去世，年三十七歲。	
	6	26			出版詩集《 *Les Voix*

年	月	日	年齡	大事記	出版著作　發表評論
					intérieures》（心聲集）。
				雨果與Juliette Drouet朱麗葉首次結伴赴比利時，諾曼第旅遊。	
				雨果開始與國王路易菲力普（奧爾良公爵）交往。	
1838			36	雨果與大仲馬籌建戲劇院，稱為「文藝復興劇院」，專門表演浪漫派戲劇。	出版詩劇《*Ruy Blas*》（呂伊‧布拉斯）
				雨果撰寫五幕詩劇（*Ruy Blas*），指定由朱麗葉特扮演王后一角，但因雨果夫人阿黛兒堅決反對而作罷。	
1839			37	雨果與朱麗葉特經常結伴赴Alsace, Suisse及Provence等地旅遊。	
				雨果撰寫劇本《*Jumeaux*》（雙生子），寫到第三幕為	

年	月	日	年齡	大事記	出版著作　發表評論
				止，迄未完成此劇。	
1840			38	雨果偕朱麗葉特赴德國旅行，遊覽萊因河、黑森林。	出版詩集《*Les Rayons et les ombres*》（光影集）
	6			法蘭西學院古典派領袖邁雪院士去世，雨果參加競選院士活動。	
	12	14			出版詩文小冊《*Le Retour de l'Empereur*》
1841	1	7	39	雨果當選成爲法蘭西學院院士。法蘭西學院係法國學術研究最高機構，院士四十人，終身職，院士被稱爲「不朽者」。雨果前曾先後四次參加院士競選，均告失敗，此次當選。	
1842			40		出版游記《*Le Rhin*》（萊因河）
1843			41		出版劇本《*Les Burgraves*》（城堡衛戍官）。
	2	15		雨果長女 Léopoldine 與	

年	月	日	年齡	大事記	出版著作　發表評論
				Charles Vasquerie 結婚。	
	9	14		雨果長女 Léopoldine 與女婿划船遊塞納河翻船，雙雙溺斃。雨果獲知此事時正與朱麗葉特在西班牙庇里牛斯山旅行途中。	
1844			42	雨果與畫家 Biard 之妻 Léonie d'Aunet 相戀，交往甚密。	
	1			法蘭西學院院長諾蒂埃去世，雨果當選法蘭西學院院長。	
1845			43	雨果開始撰寫小說《Misères》，後改名為《Misérables》(悲慘世界) 或 (孤星淚)。	發行游記《Le Rhin》(萊因河) 修訂版。
	4	13		雨果被國王路易・菲力普任命為法國貴族院議員。	
	7	5		雨果與畫家 Biard 之妻	

205

年	月	日	年齡	大事記	出版著作　發表評論
				Léonie d'Aunet 戀情曝光，造成緋聞，經國王力保，雨果避居七個月，Léonie 被監禁，事件始平。	
1846			44	雨果情婦 Juilette Drouet 與其前任情夫所生女兒 Claire Pradier 死亡（年僅二十歲）。	
1847			45	雨果在貴族院提議終止對拿破崙家族的流放，允許拿破崙家族自國外返回法國。按：1814年拿破崙被英、俄、普、西等國擊敗，聯軍佔領巴黎，法國人民因經年征戰，民不聊生，怨聲載道，導致拿破崙被迫退位，被放逐到地中海的厄爾巴島並死於島上，其後拿破崙姪子路易－波拿巴（Louis-s Bonaparte Napoléon）流亡瑞士。	
1848	2	24	46	法國發生「二月革命」，雨果投入廢除王	

年	月	日	年齡	大事記	出版著作　發表評論
				制，建立共和國政治活動，小說《*Misérables*》暫停寫作（停寫十二年之久）。國王路易·菲力普被推翻，宣告成立共和國。	
	6	4		雨果當選制憲議會議員，主張保障文藝，出版、言論、著作自由，文人作家免於被逮捕，極力呼籲廢除死刑。	
	7	31		雨果與其兩子創辦《*L'Evenément*》（時事報），發表系列政治評論，支持拿破崙姪子路易‐拿破崙出任共和國總統。	
	12	10		路易‐拿破崙當選共和國總統。	
1849	5	13	47	雨果當選國民立法議會議員。	開始寫作（*Choses vues*），但一直到死後於1887年出版。

年	月	日	年齡	大事記	出版著作　發表評論
	8	21		世界和平大會在巴黎召開，雨果擔任主席，呼籲消弭戰爭，發展和平，消滅貧窮。	
	10	19		雨果反對法國軍隊佔領羅馬，要求撤軍，維護羅馬人民的自由，引起保王派及路易－拿破崙總統不滿。	
1850	1	15	48	雨果在國民立法議會提出教育自由法案，批評公立學校太保守，反對宗教干預學校，反對教條思想，其後又反對限制出版自由，要求社會改革。	
	5	20		雨果提出釋放政治犯，公民投票權，出版言論自由等法案。雨果連續在國民立法議會提出激烈改革言論及文字論述引起保王派及政府當局反擊對抗。	
1851	5	16	49	雨果長子Charles在	

年	月	日	年齡	大事記	出版著作　發表評論
				《時事報》撰文反對死刑，被判刑六個月。	
	7	17		法國總統路易－拿破崙，要求國會修改憲法，企圖改共和爲帝制，並暗中發動政變改制，雨果堅決反對，參與反政變活動。	發表告人民書〈Républicains, ouvriez vos rangs, je suis des vôtres!〉，呼籲人民武裝抗暴。
	9	9		雨果次子François-Victor撰文反對限制人民避難權，被判刑九個月，罰款二千法郎，《時事報》被查封。	連續發表政治評論《Douze Discours》、《Treize Discours》、《Quatorze Discours》。
	12	2		法國總統路易－拿破崙發動政變，逮捕並殺害反對改制稱帝人士，雨果在國民會議一再發言反對，謔稱路易－拿破崙總統爲「小拿破崙」（Napoléon-le-petit），連續撰寫文告，宣導人民起義反抗。政府軍四處通緝雨果並懸賞二萬	

209

年	月	日	年齡	大事記	出版著作　發表評論
				五千法郎收買雨果人頭，雨果被迫逃亡。	
	12	11		雨果喬裝持假護照在夜間逃亡比利時布魯塞爾。	
	12	14		朱麗葉特攜帶雨果手稿赴布魯塞爾與雨果會合。	
1852			50	雨果在比利時開始逃亡生活，隨雨果逃亡者包括其他反抗改制政變獲罪之六十五位議員。	
	2	3		雨果長子Charles刑滿出獄赴比利時與父親會合。	雨果在比利時布魯塞爾出版《*Histoire d'un crime*》（一椿罪行的始末），描寫路易 - 拿破崙廢共和改帝制暴行。
	6			雨果在巴黎的房屋被政府公開拍賣。	雨果在比利時出版《*Napoléon-le -Petit*》（小拿破崙），極力批判路易 - 拿破崙。
	8	16		雨果偕長子Charles及朱麗葉特離開比利時赴	

年	月	日	年齡	大事記	出版著作　發表評論
				L'île de Jersey島（英屬小島，距法國東北角海岸僅十七哩），雨果夫人阿黛兒及女兒己在島上等候。 雨果在Jersey島繼續寫作，反對路易－拿破崙廢共和國改爲帝制及大力呼籲人民爭取自由平等權利。	
	12	2		法國公民投票通過改共和爲帝制，路易－拿破崙被選爲法國第二帝國皇帝，號稱「拿破崙三世」。雨果仍然不斷撰文號召同胞起義反抗帝制，呼籲人民「只有一件事可做：拿起槍，塡滿子彈，準備那一天的來到！」	
1853			51	雨果在Jersey島上創作之流亡詩集《懲罰集》遭法國當局全面禁止發行，凡閱讀、私藏該詩集者一律受罰。	出版詩集《Châtiments》(懲罰集)

211

年	月	日	年齡	大事記	出版著作　發表評論
				雨果在Jersey島流亡生活中，對「扶乩」遊戲產生濃厚興趣，經常與其他法國流亡志士藉「扶乩」討論國事。	
	11	21			在比利時布魯塞爾發表《Œuvres oratories》
1854			52	雨果開始撰寫史詩《La fin de Satan》（撒旦末日），惟迄未完成。另起草撰寫詩集《Contemplations》（沉思集）及田園詩《La Forêt mouillée》（濕透了的樹林）。	發表〈Aux habitants de Guernesey〉及〈A Lord Palmerston〉文告，呼籲反對死刑。
1855			53	雨果撰寫史詩《Dieu》（上帝），惟迄未完成。	雨果自1851年底半夜逃亡比利時迄今己四年，渠撰寫逃亡生活記述十篇（1851－1854），後於1875年併入《Actes et Paroles II》出版。
	2	7		雨果長兄Abel去世（享年57歲）。	

年	月	日	年齡	大事記	出版著作　發表評論
	10			英國女王訪問巴黎，雨果撰寫文告批評法王及英王，英國政府對雨果產生反感。	
	10	31		雨果一家人被英國政府自 Jersey 島驅逐改到另一英屬小島 Guernesey 繼續流放。	
1856			54	雨果在 Guernesey 島上購置「Hauteville House」（高城流館）	出版詩集《*Les Contemplations*》（沉思集），分上下兩部，以抒情詩篇描寫愛情及思念亡女情懷，關注惦記貧苦民眾，內容政治色彩較少。出版即銷售一空，成為暢銷書。
1857			55	雨果著手若干寫作計劃：《*L'Âne*》（蠢驢），《*La Révolution*》（革命），《*La Pitié suprême*》（至高的憐憫），《*La Légende des siècles*》（歷代傳奇）。	
1858			56		出版詩集《*Les Enfants*》（孩子們），完成詩集《*La Pitié suprême*》（至

年	月	日	年齡	大事記	出版著作　發表評論
	7			雨果背部長癤，潰爛成癰，臥病二個多月。	高的憐憫）。
1859			57	雨果繼續撰寫《*Les Misérables*》。	出版詩集《*La Légnede des siècles I*》（歷代傳奇第一卷）。
	5			雨果夫人帶長子Charles和女兒Adèle離開Guernesey島前往倫敦定居。	撰寫《*Chansons des rues et des bois*》（街道與林間之歌）。 開始撰寫《*Travailleurs de la mer*》（海上勞工）。
	8	16		法國皇帝拿破崙三世頒發大赦令，准許法國在海外流亡者返國。雨果以法國尚未自由不願回國。 雨果前往Serk小島小住。	雨果名言：「Quand la liberté rentrera, je rentrerai」（自由回來時，我就回來了）。 暫停撰寫《*La Fin de Satan*》（撒旦的末日）。
1860	10		58	英法聯軍侵入北京，搶掠燒毀圓明園。 繼續撰寫《*Les Misérables*》（悲慘世界），開始計劃撰寫《*Philosophie*》（哲學）	發表評論抗議美國定罪解放黑奴運動鬥士John Broun。

年	月	日	年齡	大事記	出版著作　發表評論
				一書。	
1861			59	雨果偕朱麗葉特及長子攜帶《Les Misérables》的手稿前往布魯塞爾。	發表致Bulter上尉書，譴責英法兩國搶掠燒毀北京圓明園，稱英法兩國為「強盜」，「匪徒」。
				雨果在布魯塞爾繼續《Les Misérables》小說創作。	
	6			雨果夫人及女兒也赴布魯塞爾與雨果會合。	
1862	4		60	雨果一家在布魯塞爾旅居，到德國邊境萊因河遊覽。	在巴黎及比利時兩地同時出版小說《Les Misérables》(悲慘世界)，在世界各地引起巨大震動，多次以電影，歌舞劇型式演出。
				法國派兵遠征墨西哥。	出版《Le Livre des mères》、《Les Enfants》
				日內瓦重新修憲，雨果致函日內瓦當局，呼籲廢除死刑。	發表〈Genève et la peine de mort〉(致日內瓦及反對死刑書)。
1863			61		發表〈Lettre article aux hommes de Pueba〉(致墨西哥Pueba人民書)

年	月	日	年齡	大事記	出版著作　發表評論
	6	3		雨果女兒Adele潛赴加拿大尋找暗戀曾在Guernesey服役的英國海軍中尉ＡｌｂｅｒｔPinson，後因戀情失敗雨果女兒精神失常。 雨果夫人及孩子們不習慣Guernesey島上單調生活，返回巴黎。	鼓勵墨西哥人民抵抗法國。 發表〈Lettre article à l'armée russe〉(致俄國軍隊書)。 雨果夫人出版《*Victor Hugo raconté par un témoin de sa vie*》(雨果生平見證集) 此書由雨果夫人及雨果友人編撰出版。
1864			62		出版論著《*William Shakespeare*》(莎士比亞論)。
	4	23		英國詩人戲劇家William Shakespeare誕辰三百週年紀念，歐洲文藝界舉辦一系列盛大紀念活動。 雨果偕家人赴德國、比利時旅遊。 雨果長子Charles Hugo與Alice Lehaene小姐在比利時結婚。	

年	月	日	年齡	大事記	出版著作　發表評論
1865			63	雨果赴比利時、德國、盧森堡等地旅遊，雨果次子François-Victor於未婚妻身亡後，離開Guernesey島前往布魯塞爾居住。雨果夫人也離開Guernesey島，雨果一人獨居島上創作小說《海上勞工》。	出版田園詩集《*Les Chansons des rues et des bois*》（街道與樹林之歌）。
1866			64	雨果赴布魯塞爾渡暑假。 雨果為英國死刑犯Bradley求情呼籲英政府減刑。	出版小說《*Travailleurs de la mer*》（海上勞工）英譯：《*The Toilers of the sea*》。 出版戲劇《*Mille Francs de récompense*》。
1867			65	雨果為巴黎世界博覽會撰寫《巴黎指南》小冊。 雨果為墨西哥死刑犯Maximilien致函墨西哥總統求情，呼籲減刑。	出版詩集《*La voix de Guernesey*》
	11	3		法國軍隊在義大利東北部Mentana擊敗加里波第軍隊。雨果撰寫詩集	撰寫文集《*Mangeront-ils*》

年	月	日	年齡	大事記	出版著作　發表評論
				《*Mentana*》（孟塔納）。	
				雨果赴荷蘭旅遊。	撰　寫　劇　本《*L'Intervention*》
1868	8	27	66	雨果夫人 Adèle Foucher 在比利時病故，享年六十五歲，葬於法國 Villequier。	
1869	9	14	67	雨果被選爲在瑞士洛桑召開的世界和平大會主席。	出版小說《*L'Homme qui rit*》（笑面人）（註：小說原名 - 奉國王之命）。
				著　手　撰　寫　戲　劇《*Torquemada*》	
	12	10		雨果兩子在巴黎創辦《*Le Rappel*》（召喚報），立場反對政府，雨果長子 Charles 被判入獄三個月。	
				法國國王路易 - 拿破崙帝國被人民推翻，成立共和國。	
1870	7	14	68	普法戰爭結束，路易 -	

年	月	日	年齡	大事記	出版著作　發表評論
				拿破崙逃亡英國，法國第三共和成立。	
	8	17		雨果在布魯塞爾繼續過流亡生活。	
	9	5		雨果結束長達十九年九個月的流亡生活決定返回法國。	
	10	20		雨果當選巴黎選區國會議員。	在法國首次出版《Les Châtiments》（懲罰集）。
1871	1	21	69	法國政府與德國簽定喪權辱國的和約，割讓亞爾薩斯及洛林給德國。	出版《Jeanne Lapidée》
	2	8		雨果辭退國會議員身份，返回布魯塞爾。被比利時政府驅逐出境，雨果只得轉赴盧森堡。	撰寫《L'Année terrible》（凶年）、《Poème du Grand-père》（祖父詩歌）
	3	13		雨果長子Charles突發腦溢血死亡。	撰寫〈致德國書〉
	4			「巴黎公社」黨員暴	撰寫〈告法國人民書〉

年	月	日	年齡	大事記	出版著作　發表評論
	8			動，法政府軍強力鎮壓，造成大屠殺。雨果在布魯塞爾向比利時政府抗議，譴責比政府拒收法國人民公社逃亡人士，拒發難民身份。比利時政府宣佈雨果爲不受歡迎人士。	
	9	30		雨果返回巴黎。	
1872			70	雨果女兒 Adèle 精神失常，自加拿大返回法國，被送到巴黎 Saint-Mandé 精神病院，一直到 1915 年死亡。	出版詩集《*L'Année terrible*》（凶年集），英譯：《*The Terrible year*》。
	8	7		雨果一家人自巴黎再度返回 Guernesey 島，後來雨果次子 François-Victor 攜眷返回巴黎，只剩雨果及茱麗葉特兩人留在 Guernesey 島。	
	11	21		雨果開始寫作長篇小說《*Quatre-vingt-treize*》（九三年），《*Mes fils*》	

年	月	日	年齡	大事記	出版著作　發表評論
				（我的兒子們）。	
1873	7	31	71	雨果自Guernesey島返回巴黎	
	12	26		雨果次子François-Victor在巴黎病故，至此，雨果五個子女中，四個已先後去世，只剩小女兒Adèle住在精神病院。雨果唯一伴侶僅剩朱麗葉特。	
1874			72		出版小說《*Quatre-vingt-treize*》（九三年），英譯：《*Ninety-three*》發表政治傳記《*Mes fils*》（我的兒子們）。
1875			73	雨果完成詩集《*Le Pape*》一文，雨果開始撰寫《*L'Art d'être grand-père*》（做祖父的藝術）。	出版政治評論／第一集《*Actes et Paroles I-Avant l'exil, 1841-1851*》，出版政治評論／第二集《*Actes et Paroles II-pendant l'exil, 1852-1870*》。發表政治評論《*Le*

221

年	月	日	年齡	大事記	出版著作　發表評論
					Droit et la Loi》（法律與權利）及《*Ce que c'est que l'exil*》
1876	1	30	74	雨果當選法國第三共和國會參議員，提案赦免人民公社黨員罪刑，但被國會否絕。	出版政治評論 / 第三集《*Actes et Paroles III- Depuis l'exil, 1870-1876*》 發表政治評論《*Paris et Rome*》（巴黎與羅馬）
1877			75	此時法國共和國總統Mac-Mahon宣佈解散由共和黨人佔多數的眾議院，企圖仿照路易 - 拿破崙政變改帝制，雨果將擱置三十六年之久的歷史書《一樁罪行的始末》及時出版，引起全國注意，迫使Mac-Mahon總統陰謀失敗。	出版歷史書《*Histoire d'un crime I*》（一樁罪行的始末 / 上集） 出版詩集《*La Légende des siècles II*》（歷代傳奇 / 第二集）
	5	14			出版詩集《*L'Art d'être grand-père*》（做祖父的藝術）
1878	5	30	76	雨果在慶祝伏爾泰（Voltaire）忌辰一百週年紀念大會發表演說，	出版歷史書《*Histoire d'un crime II*》（一樁罪行的始末 / 下集）

年	月	日	年齡	大事記	出版著作　發表評論
				主張用筆與暴君鬥爭。	出版詩集《Le Pape》（教皇）
	6	27		世界文學家代表大會在巴黎召開，雨果擔任主席，呼籲無條件赦免巴黎公社黨員的罪刑。	
	6	28		雨果生活緊張過度，患腦充血病倒。	
				雨果赴Guernesey島休養。	
1879	1	30	77	法國總統Mac-Mahon下台，共和黨朱爾‧格雷維繼任總統。	出版詩集《La Pitié suprême》（至高的憐憫）－此詩集雨果於1857年時即開始撰寫。
				雨果腦充血病癒後自Guernesey島返回巴黎定居。	
	2			雨果在參議院繼續提案無條件赦免巴黎公社黨員罪刑。	
1880			78	雨果第三次提案赦免人民公社黨員罪刑，終獲法國參議院通過。	出版詩集《Religions et religion》（宗教種種與宗教）此詩集從1856

223

年	月	日	年齡	大事記	出版著作　發表評論
					一1872，寫了16年。出版《*L'Âne*》（蠢驢），此詩集於1857時寫作。
1881			79	法國全國盛大籌備雨果八十大壽，雨果在出生地柏桑松的老家地址及在巴黎住宅的街名均改稱為「雨果街」(Avenue Victor Hugo)。 雨果先立遺囑：「將其所有手稿及所有能找到的文稿與著作全數捐贈給巴黎法國國家圖書館」。	出版詩集《*Les Quatre vents de l'esprit*》（精神四風集）。
1882	1	8	80	雨果再度當選法國參議員。	出版戲劇《*Torquemada*》（托克瑪達），此劇本係雨果於1869年時即開始寫作，一直到1882年才出版。
	2	26		雨果八十大壽，全國民眾隊伍，包括工人、人民、學生、軍人，還有來自歐洲其他國家的人民共計六十多萬人在雨	

年	月	日	年齡	大事記	出版著作　發表評論
				果巴黎的寓所前遊行祝壽。	
	3	8		雨果致函俄國沙皇爲十名死刑犯及十名重刑犯求情，抗議，呼籲減刑。	
	6	1			發表《*Les Juifs et la Ruisse*》 詩劇《*Roi s'amuse*》（國王取樂）重新上演。
1883			81		出版詩集《*La Légende des siècles III*》（歷代傳奇／第三集）
	5	11		雨果五十年的情婦伴侶 Juliette Drouet 患胃癌去逝，享年七十七歲。	出版詩集《*L'Archipel de la Manche*》（芒什的群島）。
	8			雨果由兒媳 Alice 陪同赴瑞士旅遊散心。	出版《*Correspondance, 1815-1882*》（通信集／第一集）。
1884	8		82	雨果立下遺囑：「我把五萬法郎送給窮人，我	

225

年	月	日	年齡	大事記	出版著作　發表評論
				要用窮人的車把我送到墓場，我不要一切的教堂祭悼儀式，我信仰上帝」。	
	11			法國爲紀念與美國友好，特由雕塑家巴托爾迪及工藝家埃菲爾製作「自由女神像」贈送美國。雨果此時體弱多病仍不時前往製作自由女神像工地與藝術家及民眾寒喧。	
1885			83		出版《Œuvres》（作品集）
	5	22		雨果因肺部充血，心臟衰竭逝世，享年八十三歲。	
	6	2		法國全國人民爲雨果逝世哀慟，法政府爲雨果舉行盛大國葬儀式，全國人民及各國人士共約二百萬人齊集巴黎爲雨果送葬，安葬於巴黎先賢祠（Panthéon）。	

年	月	日	年齡	大事記	出版著作　發表評論
1886				雨果去世後留下鉅量作品文稿由後人陸續不斷整理出版。	出版詩集《*La Fin de Satan*》（撒旦末日）出版戲劇《*Théâtre en liberté*》（自由戲劇）
1887					出版《*Choses vues*》（見聞錄／第一集）
1888					出版詩集《*Toute la lyre*》（雜詩大全／第一集）
1889					出版《*Les Jumeaux*》（孿生兄弟）出版《*Amy Robsart*》出版《*Actes et Paroles IV, depuis 1876-1885*》（政治評論／第四集）
1890					出版《*Alpes et Pyrénées*》（阿爾卑斯山與庇里牛斯山）
1891					出版詩集《*Dieu*》（上帝），雨果一生宗教思想以一字足以概述就是「愛」（Love）。
1892					發表論文《*France et Belgique*》（法國與比利時）
1893					出版詩集《*Toute la lyre*》（雜詩大全／第二集）

227

年	月	日	年齡	大事記	出版著作　發表評論
1898					出版詩集《*Les Années funestes*》（痛苦的歲月）出版《*Correspondance, 1896-1898*》（通信集 / 第二集）
1899					出版《*Choses vues*》（見聞錄 / 第二集）
1900					出版《*Lettres à la Fiancée 1820-1822*》（給未婚妻的信）
1901					出版傳記《*Post-Scriptum de ma vie*》（我的別傳）
1902					出版詩集《*Dernière Gerbe*》（最後詩句拾遺）
1934					出版戲劇《*Mille francs de recompense*》
1942					出版《*Océan, tas de pierres*》
1945				法國廢止「斷頭台」	
1951					出版戲劇《*L'Intervention*》
1952					出版《*Œuvres complètes 1904-1952*》（雨果作品全集）

年	月	日	年齡	大事記	出版著作　發表評論
1961					出版《Poésies complètes》（雨果詩集大全）
1962					出版《Œuvres romanesques》（雨果浪漫文學作品集）
1963					出版《Théâtre》（戲劇）
1964					出版《Œuvres poétiques》（雨果詩集）出版《Œuvres politiques》（雨果政治評論集）
1965					出版《Journal de ce que j'apprends chaque jour》（雨果日記誌）
1982				法國廢除死刑	
2001					出版《Lettres de Victor Hugo à Juliette Drouet, lettre de Juliette Drouet à Victor Hugo》（雨果與茱麗葉特情書集）

網路快易通
—網路的雨果

徐琿琿

前言

　　為慶祝法國大文豪維克多‧雨果（Victor Hugo, 1802-1885）的兩百歲冥誕，法國可說全國上下總動員，來舉辦相關的慶祝活動，除發行一些平面特刊外，法國的某些網站也特別為雨果200歲生日設立研究特區。好讓文學與現代最新科技密切結合，以期發揮更大的流通效果。

　　本文將透過網際網路發達的資訊中，介紹雨果的相關資訊供大家參考。

徐琿輝

淡江大學法文系副教授，專長為資訊語言學，語意與句法學，現研究應用科技於外語的學習方面。91學年度高教司「提昇大學基礎教育計畫」，2001-2003年。「整合網路科技資源運用於多語言虛擬教室之教學系統—以法文為例」計劃主持人。

I. 網際網路中如何搜尋雨果的資訊

　　在網際網路上做搜尋，相當具有挑戰性，因為網路上所呈現的資訊層層疊疊，且日新月異，當中極有可能還隱藏著更好的資訊。因此，我們不要完全依賴某個網站或搜尋引擎（moteur de recherche），需時常嘗試各處遊覽（surfer）。在此，提供幾個具代表性的搜尋引擎供大家參考：

　　a. 台灣版搜尋引擎google：http://www.google.com/

　　b. 法國版搜尋引擎altavista：http://fr.altavista.com/

　　c. 法國搜尋引擎nomade：http://www.nomade.tiscali.fr/

　　d. 法國搜尋引擎voila：http://www.voila.fr/

　　首先，我們得先打上關鍵字「Victor Hugo」來搜尋，即可得到一系列豐富的清單，但可別高興得太早，因為查詢出來的結果，有時會高達上千筆資料，根本不可能一一過濾，找到中意的資訊。

　　通常我們可由搜尋到的網站簡介先做選擇。如可先預覽google網站及altavista網站的摘要描述，它們主要是由首頁中的前幾行字節錄下來。另外是nomade網站的簡介，它則是經過搜尋人員詳加瀏覽過後，所寫下較詳細的介紹。因此，我們可以很快地判斷這個連結是否是所要查詢的資訊。如圖所示：

231

1.1 台灣版搜尋引擎google：http://www.google.com/

1.2 法國版搜尋引擎altavista：http://fr.altavista.com/

1.3 法國搜尋引擎nomade ：http://www.nomade.tiscali.fr/

在google網頁呈現：

Victor Hugo 2002: portail du bicentenaire

Le portail Victor Hugo 2002 du Ministère de la culture recense les manifestations

organisées en France et à l'étranger à l'occasion du bicentenaire de...

簡介：Portail du ministère de la culture crée à l'occasion du bicentenaire de la naissance de l'écrivain...

分類：World>Français>...>Auteurs>19e siècle>Hugo, Victor （僅擷取網頁）

www.victorhugo.culture.fr/-5-頁庫存檔－類似網頁

在altavista網頁呈現：

Victor Hugo 2002: portail du bicentenaire

Le portail Victor Hugo 2002 du Ministère de la culture recense les manifestations...

http://www.victorhugo.culture.fr/ （僅擷取網頁）

Autres pages de ce site.

在nomade網頁呈現：

Victor Hugo

Le portail du bicentenaire de la naissance de Victor Hugo présente le calendrier des différentes manifestions organisées toute l'année à cette occasion, ainsi que sa biographie. redécouvrez le poète, politicien, polémiste, romancier et dramaturge. （較完整的網站簡介）

Site Institutionnel-Ministére de la culture-Paris, France-Tous Publics

http://www.victorhugo.culture.fr/ Sites similaires

此外，每一種搜尋引擎皆有不同的功能，更新的頻率、速度以及內含的資料量的多寡，如果在這個搜尋引擎找不到資料，不妨試試其他搜尋引擎或網站。

II. 雨果網站的簡介

網路的資訊無所不包，內容亦是針對普羅大眾所設計，不同的需求就有不同的呈現，自然就有好壞參差不齊的現象。因此，為彌補網路資訊的不足，除了需要多瀏覽不同的網路資訊外，還

需搭配書籍、期刊、政府文獻等的相關訊息。不過，礙於版權法及著作法的規定，許多珍貴的資料仍無法上網供眾人分享。

但不可否認的是，網路世界豐富的蘊藏，在網海裡撈針找尋資料，如今已是輕而易舉之事，其內容豐富，種類繁多，對學外語學習者而言，更是一大助益，且不受時空限制，可立即尋獲所要的訊息。

透過關鍵字所搜尋到的相關雨果的網站中，大致可分成官方或大學組織設立的網站，如：法國文化部、外交部、教育部及法國國家圖書館、雨果之友協會。亦有媒體及業餘人士的網站，如：TV5電視台所做的雨果的生平的報導。如圖文所示：

2.1 官方或大學組織設立的網站

2.1.1 法國文化部Site officiel du bicentenaire, Victor Hugo 2002（http://www.victorhugo.culture.fr/）

　　這是法國文化部特別為雨果200歲生日設立的網站，並分成五個項目：

　　A. 頭版新聞：例如2002年10月初在法國舉辦的閱讀節（Lire en fête）也舉辦了和雨果相關的一些活動，提供了最新的消息，另外，有關雨果的最新出版品在這也可以找到。

　　B. 時間表：不只在法國，全球各地都有舉辦關於雨果的200歲生日慶祝活動，在這可依所在的國家、城市、月份等，即可尋找到當地的相關資訊。

　　C. 新書目錄及電影目錄：想了解雨果的作品不僅可以透過書籍，甚至錄影帶、DVD、VCD在這都可以找到相關資料及收藏地點。

　　D. 其他連結網站：提供了許多雨果相關的連結網站，包括法國國家圖書館、教育部……等等，其中值得一提的是，http://www.victorhugo2002.culture.fr/是由法國文化部另外設立的一相關網站，主要是介紹雨果為其奮鬥的政治生涯及人道主義理念，與其實踐的現實意義。網站內容詳盡，有非常豐富的圖片。

　　E. 200週年的籌備活動：例如：展覽、新聞稿、研討會等等，做一概括的介紹。

2.1.2 法國教育部 Minist re de l Education nationale
（http://www.victorhugo.education.fr ）

　　這是法國教育部設立的網站，網站設計精緻且提供豐富的教學資料，並提供許多相關的網站，例如：雨果的多彩多樣的文學作品、生前居住的地方、甚至還有由他的著作改編而成的電影、電視劇等等。

　　亦有特別為教師們所設立的專區，除了提供教學上的資料外，並且亦加入課堂上所使用的教材的建議，可幫助教師和學生們，對雨果更進一步地了解。在「新聞時事」欄裡也提供2002年有關雨果所舉辦的文化活動最新資訊。

2.1.3 法國國家圖書館Biblioth que nationale de France（http://victorhugo.bnf.fr）

　　法國國家圖書館也特別爲雨果200歲生日設立網站，將雨果的一生，分成五個主題：雨果與海洋、雨果與旅行、文學創作（包括詩、戲劇、小說、書信、論文）、繪畫才能、與政治的傾向（是個積極表態與採取行動的政治家）。

　　在教學性的資料方面，也環繞著10個主題：雨果與海洋的關係、雨果的使命、偉大的著作、《海上勞工》的簡介、繪畫過程、旅行與視野、流放時的使命、爲自由而戰、反對死刑、高城流寓（Hauteville-House）圖書館簡介等等，網站資料亦非常豐富。

2.1.4 法國外交部

（http://www.diplomatie.gouv.fr/culture/victor_hugo/）

　　這是法國外交部的網站，可查看各國舉辦雨果的相關慶祝活動，依所屬的國家選擇其城市。

　　台灣地區活動亦名列期間（http://www.diplomatie.gouv.fr/culture/victor-hugo/asie.htm#TAIWAN），「財團法人中法文化教育基金會」特別策劃一系列學術演講及研討會活動，並邀集國立台灣師範大學圖書館、國立中央大學法文系、國立成功大學圖書館、私立淡江大學法文系、私立元智大學等院校共同合作舉辦，活動內容有：圖書資料展、影片欣賞、演講活動等等。另東吳大學、銘傳大學亦舉辦相關研討會。

2.2 媒體及業餘人士的網站

　　為因應雨果兩百週年的活動專題，由電視台、搜尋引擎或業

餘者，所做的綜合性質的相關報導。

2.2.1 搜尋引擎（Wanadoo）的紀念雨果報導 （http://hugo.event.wanadoo.fr/）

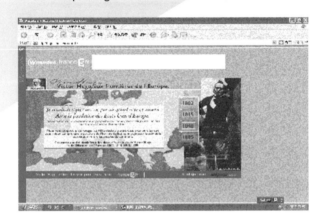

搜尋引擎（Wanadoo）除了提供法國官方網站的連結外，並將雨果的一生分作四個時期，詳加介紹如下：

A. 1802-1815青年時期

B. 1815-1848邁向榮耀之路

C. 1848-1870流放時期

D. 1870-1885為和平而奮鬥。

首頁的特色是一張19世紀的歐洲地圖，因為，雨果到過不少的歐洲國家，依年代之分，可顯示出雨果在不同的城市國家中，所發表的言論與其所奮鬥的目標，例如：雨果曾在布列塔尼（Bretagne）自許要做夏多布里昂（Je veux être Chateaubriand ou rien.）、在英屬澤西島（Jersey）為廢除死刑而戰，和在瑞士（Suisse）力陳要為爭取和平而奮鬥⋯⋯等等。

2.2.2 雨果之友協會Socité des amis de Victor Hugo（http://www.victorhugo.asso.fr/）

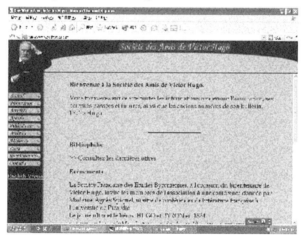

　　雨果之友協會是根據1901年法律條文，由政府所管裡的協會，於2000年1月6日正式成立，它的宗旨是將雨果的思想及作品發揚光大。

　　同時亦可找到許多相關連結網站，都有其文章內容的全文，例如：

◆雨果的詩：http://poesie.webnet.fr/auteurs/hugo.html

◆雨果的小說：http://abu.cnam.fr/BIB/auteurs/hugov.html

　　由於，2002年是雨果年，因此，電台及電視台都有相關的

紀念雨果的報導，以下亦列出幾個網址，以供參考：

- Dossier spécial Hugo sur le site TV5:

http://www.tv5.org./hugo

- France 5 vous propose de voyager au XIX siècle:

http://www.france5.fr/hugo

- Victor Hugo sur France Culture

（http://www.radio-france.fr/chaines/france-culture/speciale_hugo/

總之，每個網站的內容與結構，往往因訴求不同，所呈現的內容，所突顯的重點深度與廣度便十分迥異。也因此，可透過不同的網站蒐集大量資訊，藉以了解各個網站的內容，相對的，亦可看出有關雨果的報導的相同性和相異性。

III. 雨果的另一天份──繪畫：

從網際網路的無所不有的資訊中，除能進一步認識雨果詩人、小說家、劇作家、政治家的身份外，但我們亦發現雨果其鮮爲人知的繪畫才能及藝術創作。

- Victor Hugo: dessins

http://www.crdp-toulouse.fr:8000/cddp81/hugo/hugo1.htm

- Les parts d'ombre de Victor Hugo

http://www.auteurs.net/public/actualite/actualite.asp?d=hugopeintre

● Auguste Rodin. Les Portraits de Victor Hugo

http://www.musee-rodin.fr/actmani.htm

　　雨果一生創作了許多的文學作品之外，也留下了數千幅繪畫作品。雨果在繪畫上全憑自學，即興的創作方式，不管寫生或創作，雨果的作畫的態度，亦如寫文章一樣，都十分強調氣氛的渲染和感情的宣洩。

　　在雨果所畫的插圖和漫畫中，往往透露出自己心中的焦慮和鬱悶，悲哀和憤怒，使其作品充滿打動人心的力量。雨果熱中於中世紀後期的哥特藝術，對那時遺留下來的要塞古堡尤其著迷，他還爲自己的文學作品如遊記《萊因河》、小說《海上勞工》和《悲慘世界》，以及史詩《歷代傳說》繪製插圖。

　　雨果在畫風上還是一直玩味著透視法、立體、黑與白的交錯。他也不斷地主張廢除小與大、眞實與虛假、已完成與未完成間的繪畫界限。雨果做畫時沒有先入爲主的觀念，憑著自己的意

念隨性做畫，他的畫一如文學同樣令人感動！我們除可觀摩其繪畫技巧外，也同樣能領悟到他的做畫技巧，更要想到他的學識修養及道德胸襟，將心靈的的悸動與畫作合而為一，如此畫作才能表現自我風格與心靈的深刻感受。

總結

法國人將2002年訂為全法國乃至全球的「雨果年」，在這一年當中，法國及世界各地也辦了許多慶祝活動。法國前教育部長賈克‧朗也要求小學老師為孩子閱讀雨果的作品。法國的官方及私人所設立的網站，內容亦都極為豐富，除了介紹雨果的文學作品外，網站也介紹了許多雨果較少為人提起的一面。

值得一看是，雖然網路搜尋的便捷性是眾所認同的，但對網路的資訊無所不包的看法卻各有褒貶。因為，有人認為網路資訊的品質低於書刊，內容參差不齊，況且，網路所能提供的資訊，僅有書籍的四分之一，因此，網路的實際效用歸納究底還是掌握在使用者手上，況且有關學習電腦的知識，皆出自書本裡面，而不是在網路上。

由於網路的成長速度非常驚人，因此，資訊往往顯得缺乏組織性，常會連結到一些參考價值極低，或完全不相關的訊息。另外，由於網路上為了迎合電腦螢幕閱讀資料，因此，內容必須簡短或分割成容易閱讀的主題單元，造成資訊的的不足和膚淺。

　　另外，雖然這種非循序式的閱讀方式，可以提供使用者相當大的便利，但是我們可以從國內外的研究中發現，此種開放式的資訊結構，在無法被預先安排呈現順序的前提下，會直接影響到使用者在閱讀上的「認知負載」（Cognitive Overhead）以及瀏覽上的「迷失」（Disorientatoin）。

　　對學外語學習者而言，網路縮短了世界的距離，也提供了大量的資訊。所以在全球資訊網的教學應用上，老師往往必須輔導學習者的控制能力（Learn Control），指導學習者如何以批判性的態度閱讀及思考，避免學習者從中隨便挑幾個拼湊了事，至少，在瀏覽過大量的資訊後，除了善於掌控和整理資料外，也應參考別人的看法，提出自己的見解，從而建構自己的知識。

參考書目：

徐琿輝（2000）「通識教育第二外語之法文課程與網際網路之互動關係」，通識課程中第二外語教材、教法研討會。主辦單位：輔仁大學外語學院、日文系。指導單位：教育部。

徐琿輝等（2002）「重新發現雨果——雨果誕生200週年慶」世界文學春季號，〈教育部人文社會科學教育改進計劃〉補助〈台灣巴別塔第二外語網站計劃〉。

徐琿輝（2002）「網路虛擬教室之法語資源教學系統整合研究——法文網頁資源的分類搜尋與專題製作」，第六屆兩岸外語研討會論文集（出版中），淡江大學外國語文學院編著。

崔利斯原著，沙永玲等譯（2002）《朗讀手冊——大聲為孩子讀書吧！》天衛文化圖書有限公司。

Barrett原著，秋元平編譯（1997）《網路搜尋寶典》，松格資訊有限公司。

【附錄】世界各主要語言雨果網站推薦一覽表:

A. 法語區雨果網站:
* http://homepage.internet.lu/
(Les Amis de la Maison de Victor Hugo au Luxembourg)
* http://www.victorhugo.be (Victor Hugo _ Bruxelles)

B. 英語雨果網站
* http://gavroche.org/literature/vhugo/(Victor HugoCentral)

C. 西語雨果網站
* http://www.aldeaeducativa.com/aldea/Biograf2.asp?Which1=577
* http://www.ricochet-jeunes.org/es/biblio/base9/hugo.html
* http://www.el-mundo.es/cronica/2002/331/1014021812.html

D. 德語雨果網站
* http://www.spiegel.de/spiegel/0.1518.druck-175505.00.html
* http://www.welt.de/daten/2002/02/23/02231w316112.htx
* http://www.raffiniert.ch/shugo.html

E. 日語雨果網站
* http://www.hi-ho.ne.jp/t-tatsuo/yu-go.htm
* http://www.geocities.co.jp/Hollywood-Kouen/8951/hugo.html
* http://www.geocities.com/itsuki_fujikawa/remizeyugo.html

（感謝台大外語系張淑英副教授、東吳德文系簡潔助理教授、台大日語系同學張雅芳提供網址，另外，更感謝「台灣巴別塔第二外語網站計劃」周筱琦助理的幫忙整理及淡江大學法文系吳錫德副教授的建議。）

國家圖書館出版品預行編目資料

認識雨果：紀念雨果誕辰二〇〇週年特刊 / 吳錫
德,劉復生編 . - - 初版 . - - 臺北市：麥田
出版：城邦文化發行, 2002 [民91]
面； 公分 - - (麥田叢書；30)

ISBN 986 - 7782 - 41 - 0(平裝)

784.28   91021886